KB039530

강의

이 도서의 국립중앙도서관 출판예정도서목록(CIP)은
서지정보유통지원시스템 홈페이지(http://seoji.nl.go.kr)와
국가자료공동목록시스템(http://www.nl.go.kr/kolisnet)에서
이용하실 수 있습니다. (CIP제어번호: CIP2017001170)

당신이 잊지 못할

강의

당신이 잊지 못할 **강의**는 어떻게 만들까?

LG전자 최우수 사내 강사의 강의 방법

지금 이 페이지를 읽고 있는 당신은 저의 첫 책을 집으셨고
이 책이 어떤 책인지 궁금해하고 있습니다. 이런 당신을 보고
지나칠 수 없지요. 강사의 본분을 다하겠습니다.

사내 강의란 무엇인가요?

사내 강의란 회사 직원을 대상으로 회사 내에서 이루어지는 강의를 말합니다. 강사는 자사 직원이 될 수도 있고 외부 강사가 될 수도 있습니다.

사내 강사는 어떤 일을 하는 사람인가요?

사내 강사는 사내 강의를 하는 자사 직원입니다. 보통 사내 강사에게는 그 회사에서 각자 맡은 업무가 있습니다. 본인 업무를 하면서 동시에 사내 후배, 동료, 선배 직원들을 상대로 강의도 하는 것이지요. 물론 회사별로 사내 강사 제도나 운영 방식은 다를 수 있습니다.

신입 사원이 입사하면 기획, 마케팅, 법무, 영업, 총무, 홍보, 회계, R&D 등 부서별로 업무에 대한 소개 및 방법을 교육해야 합니다. 재직 사원이라면, 현재 A를 하고 있는데 이 업무에 대한 공부를 더 해야 하는 경우, A가 잘되고 있는 사례를 벤치마킹하고 싶은 경우, A와 관련 있는 A'에 대한 지식이 필요한 경우가 있을 겁니다. 이처럼 직원들의 교육 니즈(Needs)가 있을 때 상황에 맞게 회사와 직원 간 협의를 거쳐 사내 강사가 선정되고, 사내 강의가 개설됩니다. 현재 회사에서 그 일을 직접 하고 있기 때문에 실제 회사 업무와 이론을 접목해서 다른 직원들을 잘 가르칠 수 있다는 것이 사내 강사의 큰 경쟁력입니다. 사내 강사의 회사 생활에 대한 살아 있는 경험담은 덤이고요.

저는 LG전자 주임 연구원이었을 때 신입 사원을 대상으로 처음 사내 강의를 시작했습니다. 지금은 제 업무를 하면서 그와 동시에 신입 사원 및 재직 사원 대상의 사내 강의를 하고 있습니다.

이 책은 어떤 사람이 읽으면 좋은가요?

- 강의나 프레젠테이션을 잘하고 싶은 욕심과 포부가 있는 사람
- 직장인들을 위한 사내 강의의 특징과 방법을 알고 싶은 사람
- '당신이 잊지 못할 강의'가 무엇인지 궁금한 사람
- 저자에게 호기심이 생긴 사람

차례

3 압도적인 애티튜드 • 125

4 칼날 같은 하드웨어 준비 • 207

5 들어보자 • 225

프롤로그

그 강의를 잊지 못하겠는가

　당신이 잊지 못할 강의란 무엇일까. 당신이 잊지 못할 강의란 당신에게 매력을 뿜어내는 강의다. 여기서 말하는 매력은 강의를 준비해온 과정, 강의를 풀어가는 방식, 내용을 전달하는 태도, 강의 결론을 통틀어서 강사가 수강생에게 뿜는 매력을 말한다.

　사람들은, 다른 사람들의 다양한 경험과 지식에 대한 이야기를 듣고 싶어 한다. 자의에 의해서건 타의에 의해서건 사람들은 크고 작은 강의, 발표 자리를 만나게 된다. 입시나 입사를 위해서, 업무 성과를 보고하기 위해서, 현 상황을 전달하기 위해서, 지식을 전달하기 위해서, 토론을 하기 위해서 등 엄청나게 다양한 이유로 사람들은 강의나 발표 자리를 접하게 된다. 때로는 내가 강사가 되기도 하고 때로는 내가 수강생이 되기도 한다.

　이 수많은 강의 중에서, 강사와 수강생 모두 잊지 못할 강의란 무엇일까. 수강생이 강사로부터 원하는 것을 얻고 배운 강의일까? 수강생이 강사로부터 원하는 것을 얻고 배운 강의는 일단 강의 본연의 목적을 이룬 좋은 강의라고 할 수 있다.

　그러나 강사와 수강생 모두 잊지 못할 강의는, 수강생과 강사 사이에 교감이 생긴 강의, 서로 좋아하게 되어서 잊지 못하게 되는 강의다. 강사는 강의 내용을 잘 전달하고, 수강생은 강의 내용을 잘 전달 받은 것으로 끝나는 강의가 잊지 못할 강의는 아니다. 강의 내용을 전달하고 전달 받는 본연의 목적을 넘어, 함께하는 강의 시간을 통해 강사와 수강생 모두 좋은 에너지로 가득 차게 되는 강의가 잊지 못할 강의다. 한쪽은 일방적으로 내용을 전달하고, 한쪽은 일방적으로 내용을 전달 받는 강의는 잊지 못할 강의가 아니다.

사람들은 시간이 지나면 다른 사람이 내게 한 말과 지식은 잊게 된다. 하지만 그 사람이 내게 느끼게 해준 감정과 기분은 잊지 않는다.

"거창하게 잊지 못할 강의까지는 필요 없다. 너무 낯간지럽다."
"강의 끝나고 수강생 불만이나 이슈만 없으면 된 거 아닌가."
"프레젠테이션 기법이나 슬라이드 제작 팁만 잘 꿰고 있으면 된다."
"누가 그렇게까지 신경 써서 강의를 준비하나. 그냥 주어진 업무일 뿐이다."
"골치 아프게 깊이 고민하고 싶지 않다. 강의용 자료 작성법과 스피치 방법만 간단히 알고 싶다."
"솔직히 강사나 수강생이나 양쪽이 기본적으로 원하는 것만 해결되면 그만 아닌가."

이런 생각을 하는 분들이라면, 이 책이 맞지 않는다.

"남들과는 다른 강의를 하고 싶다."
"이왕 하게 된 강의, 발표라면 최고로 잘하고 싶다."

"어떻게 하면 수강생이 잊지 못할 강의를 만들 수 있을까."

"내용 전달을 넘어서서 나와 수강생이 모두 성장하는 강의를 원한다."

"강의와 발표를 할 수 있는 기회를 잡았다. 그냥 시간만 때우고 싶지 않다."

"수강생의 만족도 중요하지만 내가 강의를 하는 것이 재미있고 즐거웠으면 좋겠다."

이런 생각을 하는 분들이라면, 책 제대로 찾으셨다.

당신이 잊지 못할 강의

1

콘텐츠를 장악하라

수강생이 잊지 못할 강의, 그리고 강사인 나도 잊지 못할 강의를 하고 싶다면, 강의 콘텐츠를 장악하라. 무엇보다 이것이 최우선이다. 완벽하게 장악한 콘텐츠만이 강의를 최고로 이끈다. 콘텐츠를 완전히 장악하지 못했다면 타고난 무대 체질, 달변, 강의 기술, 강의 진행 노하우는 모두 부질없는 것일 뿐이다.

1-1 콘텐츠를 장악해야 하는 이유

"저는 무대 공포증이 있어요. 사람들 앞에 서면 너무 떨려서 아무 말도 못해요."

"연습할 때는 잘하는데 꼭 실전에서만 너무 떨리고 아무 생각도 안 나요."

무대 공포증이 있다고? 막상 청중 앞에 서면 할 말을 잊는다고? 가슴에 손을 얹고 말해보라. 정말 무대 공포증 때문일까?

"내가 모르는 걸 물어보면 어떻게 하지?"

"난 이 이상은 잘 모르는데, 더 많이 아는 수강생이 있으면 어떻게 하지?"

"급하게 준비하느라 내용을 잘 모르는데, 수강생이 다 눈치채면 어떻게 하지?"

"난 이 부분 설명을 잘 못하겠는데, 나도 아직 이해가 안 가는

데, 어떻게 논리를 펼치지?"

 이런 걱정이 당신을 떨게 하고, 걱정하게 만든다. 당신은 무대 공포증 때문에 강의를 못한다고 말하지만, 사실은 자신이 강의할 주제의 콘텐츠에 대해 자신이 없는 것이다. 내가 강의할 주제의 콘텐츠만 완벽하게 장악하고 있다면, 선천적인 무대 공포증은 강의 기술을 습득해 극복할 수 있는 부분이다. 중요한 것은 강사가 콘텐츠를 장악했는지 여부다. 간신히 내용 전달에만 급급해 수강생의 반응, 강의실 전체의 분위기를 전혀 파악하지 못하고 시간에 쫓기듯이 지나가는 강의는, 강사가 콘텐츠를 장악하지 못했기 때문에 생긴다.

 이는 무대 공포증이 없는 사람의 경우도 마찬가지다. 강의할 주제를 완벽하게 장악하고 있다면, 강의에 자신감이 생기고 스스로 여유가 생겨 강의를 즐기게 된다. 오늘은 어떤 새로운 질문이 들어올까, 어떤 다른 생각들이 나올까, 강사 스스로 궁금해하고 즐거워하면서 강의를 시작하게 된다. 일단 강의 주제에 대해 강사가 자신이 있다면 그 강의는 더 여유 있고 풍요롭고 발전적인 방향으로 진행된다.

 타고난 무대 체질이어서 강의를 즐기는 사람도 있지만, 그 사람 역시 콘텐츠를 장악하지 못하면 강의를 이끌어갈 수 없다. 수강생은 바보가 아니다. 그 강사가 말을 잘하고 재미있어서 좋아

하는 것이 아니다. 내용이 있어야 좋아한다. 즉, 내가 배울 것이 있어야 한다. 입장을 바꾸어 생각해보자. 강사가 유머 감각이 넘치지만 강의 내용 자체는 별로 배울 것이 없다. 당신은 이런 강의를 좋아하겠는가? 잊지 못할 강의라고 말할 수 있겠는가?

수강생이 잊지 못할 강의를 하고 싶다면, 강의 콘텐츠부터 장악하라. 강사가 완벽하게 장악한 콘텐츠만이 강의를 최고로 이끈다. 이 책에서 다루는 강의 기술, 교안 작성법은 일단 자신이 할 강의의 주제를 완벽히 숙지하고 장악한 강사에게 의미가 있다. 자신의 강의 주제를 아직 장악하지 못했다면 우선 강의 주제 공부를 먼저 한 후에 이 책을 보기를 권한다.

1-2 콘텐츠를 장악한다는 것의 의미

내 강의의 콘텐츠를 완벽하게 장악한다는 것은, 콘텐츠를 모두 공부했고 잘 알고 있다는 뜻일까? 수강생의 모든 질문에 다 대답할 수 있다는 뜻일까?

내 강의의 콘텐츠를 완벽하게 장악한다는 것은, 수강생이 던지는 모든 질문에 다 대답할 수 있는 정도의 지식을 요구하는 것이 아니다. 실제로 그것은 불가능하기도 하다.

내 강의의 콘텐츠를 완벽하게 장악한다는 것은, 기본적인 질문에 대한 답변은 당연히 할 수 있으며, 설령 내가 모르는, 불확실한 부분에 대한 질문이 오더라도 이에 대처하고 조정하여 강의를 훌륭히 매듭지을 수 있는 것을 의미한다. A 부분은 B에게 물어보면 답이 나온다든지, C 부분은 D에 따라 답이 다를 수 있다든지, E는 나도 잘 모르겠으나 알아본 뒤 꼭 답을 주겠다든지, F는 혹시 다른 수강생 중에 의견을 줄 수 있는 분이 있는지, 답을 알고 있는 G 부서를 연결해주겠다든지, 하는 식으로 답을 알 수 있는 '방법'과 '방향'을 제시하는 것이 완벽한 콘텐츠 장악이다. 답을 알 수 있는 '방법'과 '방향'을 제시하는 것도 능력이다. 그것도 질문을 받고 무척 당황하면서 말하는 것이 아니라 여유 있고 당당하게 말할 수 있어야 프로다.

더 나아가 강의를 많이 하다 보면, 강사도 콘텐츠를 더욱 깊게 장악하게 된다. 이에 따라 예상 가능하고 답변 가능한 질문의 범위도 계속 넓어져 결국에는 강사가 아는 범위를 넘어서는 질문은 거의 없게 되기도 한다.

1-3 콘텐츠를 장악하기 위한 방법

공부한다. 남다른 비결이나 꼼수는 없다.

공부하는 범위는 기본적인 내용부터 응용 부분, 질문이 주로 나올 부분과 그에 대한 답변, 주요 참고 도서, 참고 사이트, 관련 인물까지 끝이 없다. 이 범위는 가능한 한 넓으면 넓을수록 좋다. 남들이 미처 생각지 못한 범위까지 공부해둘수록 그 강의는 빛이 나고 고유의 것이 된다. 해당 분야의 사람을 직접 인터뷰한 내용이나 신문 기사, 동영상 등 자료를 폭넓게 수집해 공부해야 한다.

물론 인터넷으로 자료를 찾는 것도 좋지만, 도서관에 가서 직접 책을 넘기면서 찾는 자료도 무시할 수 없다. 직접 자료를 찾다보면 (미처 생각하지 못했던) 그 옆에 비치된 관련 책이나 잡지, 신문을 또 접할 수 있기 때문이다. 온라인에서 구하는 자료보다 더 양질의, 특이한, 깊이 있는 자료를 오프라인에서 찾기도 하는 것이다.

강의에서 단 십 분을 말하기 위해 한 달 치 공부가 필요하기도

하다. 탄탄한 팩트와 백그라운드 자료로 무장한 강사가 하는 십분 강의는 얕게 공부한 강사의 십 분 강의와는 완전히 다른 결과를 가져다준다. 콘텐츠를 장악하기 위해 들인 강사의 시간과 노력의 대가는 이유 없이 사라지지 않는다.

2

남들과는 다른 교안

자, 이제 콘텐츠를 장악했는가? 콘텐츠를 장악했다면 지금부터는 교안을 만들 차례다. 전쟁에 나갈 때 무기를 가지고 나가듯이, 강의를 하러 갈 때는 교안을 가지고 나간다. 교안은 강의실에서 총성 같은 질문과 칼날 같은 지적으로부터 당신을 지켜줄, 당신을 남들과 차별화해줄 무기다. 교안은 어떻게 만들어야 할까?

2-1 수강생은 어디에 관심이 있을까

　교안을 만들 때 강사가 가장 먼저 고려해야 할 점은 수강생의 관심이다. 사내 강의의 경우 수강생의 관심은 어디에 있을까?
　우선 사내 강의에 들어오는 수강생은 세 가지 타입으로 나눌 수 있다.

- 회사 업무상 반드시 이수해야 하는 교육이라 참석한 사람
- 회사에서 가이드하는 교육 참가 시간을 채우기 위해 온 사람
- 내가 배우고 싶어서 참석한 사람

　이유야 어찌 되었든 일단 내 강의에 들어온 수강생에게라면 (기대를 하고 들어왔든, 아무 생각 없이 들어왔든 간에) 잊지 못할 강의를 선사해야 한다. 모름지기 이 책을 선택한 독자라면, 수강생이 잊지 못할 강의를 만드는 것이 목적일 테니까. 처음에는 여러 가지 다른 이유로 이 강의를 신청했겠지만 강의를 들으면 들을수록

마지막 세 번째 타입의 수강생이 되어 있도록 만들어야 한다. 없던 관심도 생기게끔 해야 하는 것이다.

'내가 배우고 싶어서 참석한 사람'은 무엇에 관심이 있을까? 이미 강력한 동기 부여가 되어 있는 상태에서 강의에 참석하는 수강생은 구체적이고 실질적인 도움과 효과를 원한다. 이런 수강생은 강사가 설명하는 이론, 전략, 아이디어, 방법론에만 관심을 두지 않는다. 그것을 통해 실무에서 무엇을 할 수 있는지, 어떻게 실무가 더 편리해지는지에 관심을 가진다.

기대를 하고 들어온 수강생도 만족시키고, 아무 생각 없이 들어온 수강생의 마음도 돌이키고 싶다면, 답은 같다. 궁극적으로 회사 실무에 도움이 되는 내용을 제시하면 된다.

"그래서 그걸로 무얼 할 수 있다는 거지?"
"그래서 업무가 어떻게 더 편리해진다는 거지?"
"그래서 결국 우리한테 어떤 이득이 있지?"

사내 강의 수강생은 결국 이런 질문에 대한 답을 원한다. 외부 전문 강사가 완전히 채워주지 못하는, 사내 강사만이 채워줄 수 있는 경력, 경험, 노하우를 최대한 알려주는 교안이 필요하다. 회사의 상황, 실무, 시스템을 수강생과 동일하게 인지하고 있는 사내 강사로서 나만이 줄 수 있는 최대한의 풍부한 예제와 경험을 교안에 녹여내서 보여줘야 한다. 이론, 전략, 아이디어, 방법론만 다루는 교안은 더 이상 경쟁력이 없다. 내 교안의 궁극적인 목적은 '수강생의 갈증 해소', '수강생에게 직접적인 편리 제공'이다. 이 대전제를 기반으로 교안 제작을 시작하자.

사내 강사가 수강생으로부터 받을 수 있는 최고의 강의 결과 피드백은 무엇일까?

"지금 하고 있는 업무에 바로 도움이 됩니다."
"오늘 배운 방법을 즉시 실무에 적용할 수 있습니다."

바로 이 말이다.

사내 강사가 하는 사내 강의의 핵심은 다른 그 무엇보다 지금, 바로, 즉시, 현업에 적용할 수 있는 지식을 주는 것이다.

예를 들어보자. 우리 회사가 A를 개발하기로 정했다. 직원들을 대상으로 A의 개발 방법을 교육하는 사내 강의가 열렸다.

이 강의에서 가장 초점을 맞춰야 할 것은 무엇일까? 수강생들이 A의 역사, 장단점, 당위성에 큰 관심이 있을까? 우리 회사는 A를 개발하기로 이미 결정을 내렸다. 그러므로 A의 개발 방법을 교육하는 이 강의 시간에 수강생들(실무자)이 고민해야 할 것은 A의 역사, 장단점, 당위성이 아니다. 이런 것들은 A를 개발하기로 결론이 나기 전에 이미 관련 부서에서 충분히 논의했을 것이다.

이제 본격적으로 개발에 착수해야 하는 수강생들(실무자)의 관심사는 "그래서, A를 개발하기 위한 방법은 무엇인가?"이다. 수강생(실무자)들은 바쁜 업무 시간을 쪼개어 교육에 들어왔고, 이 자리에서 그들이 얻고자 하는 것은 "당장 내가 할 일은 무엇이고, 어떻게 하면 되는가"이다. A의 역사, 장단점, 당위성은 강의 앞부분에 5분 정도로 짤막하게 말해주거나 서면 자료로 공지해도 족하다. 사내 강의에서는 효율성이 중요하다. 현업에 바로 적용할 수 있는 현실적이고 실무적인 내용을 전달해야 한다. 이 강의가 실무자를 위한 방법 교육이라면, 개론과 배경을 설명하는 데 불필요하게 긴 시간을 할애할 필요가 없다.

2-2 강의의 목적이 무엇인지 생각하라

강의와 교안을 열심히 준비한 어떤 강사들은 주어진 강의 시간 내에 자신이 준비해 온 말과 자료를 모두 '쏟아붓고' 가는 데 집중한다. '내가 고생해서 준비한 자료, 내가 힘들게 얻은 지식, 내가 새롭게 파악한 새 기법들을 이 자리에서 다 (자랑도 하고) 말하고 가야지. 이것 때문에 얼마나 힘들게 공부했고, 시간을 들였는데. 다 티내고 가야지.'

자, 생각해보자. 왜 강의가 필요할까? 당신이 열심히, 고생해서, 정성 들여 준비한 자료와 교안을 수강생에게 읽어보라고 전달하는 것만으로는 부족하기 때문인가? 당신은 왜 굳이 강의를 따로 하는 것인가?

이는 수강생에게 강의 주제를 효과적으로 이해시키고, 수강생을 설득하기 위해서다. 텍스트만으로 완벽히 전달되지 않는 내용이 있기 때문에 수강생이 혼자서 이해하기 어려운 교안 내용을 강사가 효과적으로 설명해주고, 활용할 수 있도록 도와주고, 활용하도록 설득하기 위함이다. 또한 강의 주제에 관심을 가지고 모인 수강생들의 의견도 들어보면서 발전적인 토론 자리를 만드는 데도 의의가 있다.

수강생이 고개를 끄덕이도록 만들고, 강사의 지식을 수강생의 학업과 업무에 활용하게 만드는 것이 강의의 목적이다. 중요한 것은 '강사가 무엇을 말할까'가 아니라 '수강생이 무엇을 원할까, 무엇을 듣고 싶어 할까'이다. 중요한 것은 수강생이 강의 내용을 습득하고 흡수하는 것이지, 강사가 준비하고 공부해 온, 그리고 하고 싶은 말을 전부 다 하고 가는 것이 아니다.

인간은 당위성의 동물이다. 이 교육이 수강생에게 왜 좋은지, 이 강의를 수강생이 왜 들어야 하는지, 수강생이 교안을 어떻게 봐야 가장 쓸모가 있는지, 그리고 100% 활용할 수 있는지 강사가 자세하고 정확하고 친절하게 말해주어야 한다. 이런 내용이 교안 맨 앞에 요약되어 있으면, 수강생이 미리 정보를 알 수 있어 수강하는 데 무척 편리하다. 그러므로 교안에 텍스트로 작성해두거나, 또는 강의 도입부에 강사가 설명해주는 것이 꼭 필요하다.

이 강의가 직급 필수 교육, 입사 필수 교육, 전공 필수 교육이라서 꼭 들어야 하는 강의라고 해도 다르지 않다. 모든 강의는 필수 교육이든 선택 교육이든 상관없이, 강사와 수강생 간에 이 강의의 존재 이유와 목적이 합의된 상태에서 시작해야 한다. 이것은 강사가 강의를 시작하기 전에 넘어야 할 첫 관문이다.

강사가 강의의 목적과 이유를 제시했고, 수강생이 그 이유를 납득한 뒤에 진행되는 강의는 그렇지 않은 강의와 하늘과 땅 차이다.

2-3 교안의 서론, 본론, 결론 구상하기

강의 토픽을 어떻게 교안으로 만들지 일단 스토리 구상을 해야한다. 노트북을 열어 바로 작성하기보다는, 일단 머릿속에서 먼저 구상한다. 이 책의 '3-1 강의의 서론, 본론, 결론 구상하기'에서는 강의 진행 방식에 대한 내용을 다루는데, 강의 교안 역시 이 강의 진행 방식 틀과 맞아떨어져야 한다.

강의 전체를 크게 서론, 본론, 결론으로 나누어본다면 대략 다음과 같은 구성이 필요하다.

서론(도입 단계)

강사와 수강생 간에 합의와 공감대가 필요하다. 어떤 내용을 어떤 수준과 방식으로 강의할 것인지 수강생에게 알려주는 개요 설명이 교안에 있어야 한다. 또는 이 부분은 교안에서 다루지 않고 강사가 말로 진행하는 방법도 있다. 두 가지 타입 가운데 강의 성격에 맞는 것으로 결정한다. 어느 쪽이든 반드시 서론 단계가 있으면 된다.

본론(전개 단계)

이 책의 2장 내용을 바탕으로 콘텐츠 본론을 작성한다.

결론(결말 단계)

지금까지 배운 내용 중 핵심 부분을 요약, 정리해주어야 한다. 이 부분은 교안에 직접 적지 않고 강사가 말로 진행하는 방법도 있다. 두 가지 타입 중 강의 성격에 맞는 것으로 결정한다. 어느 쪽이든 반드시 결론 단계가 있어야 한다.

결론에서 정리할 핵심 메시지는 가능한 한 세 가지로 하는 편이 좋다. 부득이하게 핵심이 세 가지 이상이라면 같은 카테고리의 결과들을 묶어보자. 일반적으로 숫자 '3'은 결과를 요약할 때 너무 적지도 않고, 너무 많지도 않은 느낌이라 가장 널리 쓴다. 또 '첫째, 둘째, 셋째' 이렇게 말로 설명할 때 가장 리듬감 있고, 자연스럽고, 잘 마무리되었다는 느낌을 주기도 한다. 핵심 메시지가 세 가지 이상으로 늘어날 경우 수강생은 집중하기 어렵고 내용이 많다고 느끼므로, 최대한 이 개수에 맞추도록 하자.

2-4 강의 스타일 구상하기

어떤 옷을 입을지, 어떤 머리를 할지 정하는 것만 스타일 구상이 아니다. 강의 방식을 정하는 것도 스타일 구상이다. 강의 스타일은 강의 교안을 만들고 강의 구상을 하는 초반에 해야 하는 가장 중요한 일 중 하나다.

강의 주제

언제나 재미있고 흥미로운 주제만 강의할 수는 없다. 때로는 강의 주제 자체가 지루하고 어려운 내용일 때도 있고, 모두 다 일반적으로 아는 내용이지만 (국가 차원이나 기업 차원에서) 수강생이 필수적으로 이수해야 할 때도 있다. 이런 강의 주제에 따라 교안과 강의 스타일이 달라져야 한다. 어렵고 지루하지만 사실 전달에 충실한 것이 최우선인 강의, 필수 이수 교육에 대한 강의라면 교안도 톡톡 튀거나 최신 트렌드에 맞추기보다는 우직하게 내용 전달에 집중하는 편이 좋다. 강의의 전반적인 스타일 역시 지나치게 감정을 섞거나 웃기려고 하지 말고, (수강생이 다소 처져 있더라도) 사실 전달에 충실한 것이 좋다.

강사 성향

강의 스타일은 어느 쪽으로 해도 무방하며, 강사에게 선택의 여지가 있다면 강사 본인이 자신의 성향대로 하는 것이 가장 좋다. 원래 차분하고 침착한 성향이라면 무리해서 웃기고 발랄한 강의를 할 필요는 없다. 강의를 재미있게 하고 수강생을 웃겨야 한다는 강박관념은 전혀 가질 필요가 없다는 말이다.

앞서 말했지만 강의에서 가장 중요한 것은 '콘텐츠 전달'이다. 강사 자신이 콘텐츠 전달을 가장 잘할 수 있는, 스스로에게 맞는 방식을 선택하면 된다. 반대로, 원래 밝고 명랑한 타입이라면 굳이 애써서 조용하고 정적인 방식을 고집할 필요는 없다. 강사의 원래 성향을 100% 활용한 환경에서 강의 효과는 최대화된다.

수강생 성향

수강생이 이 강의를 듣고 나서 시험을 치러 자격증을 따야 하거나, 분석서를 제출해야 한다면 '수강생의 관심'은 어디 있을까? 아마도 신속하고 정확한 정보 전달에 있을 것이다. 따라서 이런 강의라면 화려한 강의 기법이나 아이스 브레이킹(Ice Breaking) 기법에 집중할 필요가 없다. 솔직 담백하게 본론부터 이야기하고 핵심을 짚어주는 간결하고 실용적인 강의가 제격이다.

　강의 주제, 강사 성향, 수강생 성향 이 세 가지를 골고루 살펴
본 다음 그 강의에 딱 맞는 최적의 강의 스타일을 찾아내자. 아직
교안 목차도 안 잡고 본격적인 시작도 못했는데 초반에 시간과
노력이 너무 많이 드는 것 아니냐고? 이것만큼은 확실하다. 애초
에 공을 들여 강의 스타일을 정확히 잡아두면 남은 준비가 순조
롭다.

2-5 목차 작성하기

　자, 이제 노트북에서 슬라이드웨어를 통해 목차를 작성한다. 먼저 노트에 구상한 뒤 최종본을 노트북에서 작업하고 싶다면 그렇게 해도 무방하다.

　강의 목차의 제목을 잡고 목차의 제목별로 어떤 내용을 적을 것인지 우선 간단히 요약해서 써둔다. 전체 요약본이 모두 완성되면 각 요약본에 대한 상세한 내용을 적기 시작한다.

　목차의 제목별로 어떤 내용을 적을 것인지 간단히 요약한 뒤 상세 내용을 적기 시작하면, 다음과 같은 장점이 있다.

　첫째, 목차를 전체적인 관점에서 볼 수 있어 목차 간 내용 배분, 내용 수준 통일에 편리하다.

　예를 들어 A 챕터는 내용이 깊고 자세한데 B 챕터는 상대적으로 내용이 얕다면 A 챕터와 B 챕터의 내용 수준을 하나로 통일한다. 둘 다 내용의 깊이를 깊게 또는 얕게 통일하는 것이 중요하

당신이 잊지 못할 강의

다. 또는 A 챕터를 분리해서 C, D 챕터로 배분하고 내용 수준도 A, B, C, D 챕터 간에 통일하는 것 역시 방법이다. 모든 챕터 내용의 깊이와 수준을 어느 정도 일관성 있게 맞추는 것은 중요하다. 어떤 챕터는 그 특성상 특이점이 있을 수 있지만 기본적으로는 내용의 깊이와 수준에 일관성이 있어야 강의 진행이 원활하고 교안도 전체적으로 안정된다. 부가적인 내용, 추가 사항은 맨 뒤에 부록으로 넣으면 된다.

둘째, 목차 간 순서 배치에 편리하다.

맨 처음 목차를 구상할 때는 E 챕터를 A, B, C, D 챕터 다음에 배치했지만 전체적으로 다시 보니 오히려 맨 앞에 나오는 편이 나을 수도 있다. 이럴 때는 A 챕터로 순서를 바꾸면 된다. 반면 챕터를 제목부터 세부 내용까지 완전히 완성한 뒤 다음 챕터의 제목부터 세부 내용을 작성하는 스타일은 구성을 변경하기가 쉽지 않다.

셋째, 쓰다 보면 빠뜨린 것이 무엇인지 수시로 생각이 나기 때문에 내용을 보충하기도 쉽다.

한 챕터를 완전히 작성한 뒤 다음 챕터를 작성하는 방식은 전체적인 시야가 확보되지 않는다는 단점이 있다. 목차의 제목별로 어떤 내용을 적을 것인지 간단히 요약한 다음 각 요약본에 대한

1. 강의 목차의 제목을 잡고 그 목차의 제목별로
어떤 내용을 적을 것인지 우선 간단히 요약해서 적는다.

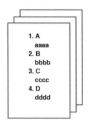

2. 각 요약본에 대한 상세 내용을 적는다.

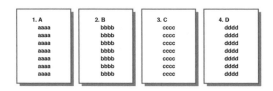

상세 내용을 적기 시작하면, 요약본을 작성하는 단계에서 빠진 내용만 생각나는 것이 아니라 앞 챕터에서 이미 다룬 내용을 중복해서 또 쓰고 있는 것도 발견할 수 있다. 이런 점을 미리 발견해 틈틈이 고칠 수 있기 때문에 뒤늦게 많은 부분을 수정하는 수고를 하지 않아도 된다.

2-6 구조적인 교안 만들기

교안을 구조적으로 작성한다는 것은 어떤 뜻일까.

강의 목차의 제목을 잡고 그 목차의 제목별로 어떤 내용을 적을 것인지 우선 간단히 요약해서 적어두라고 앞서 이야기했다. 이때 '제목'을 잡는 것은 구조적 글쓰기의 첫걸음이다. 교안을 작성할 때 설명 텍스트를 장황하게 쭉 적어서는 안 된다. '소제목-문단, 소제목-문단' 이런 구조가 기본이 되어야 한다. 한 문단 정도를 구성하는 글이라면 반드시 소제목이 있어야 한다.

소제목 없이 줄글로 나열만 하는 글은 강사와 수강생 모두에게 좋지 않다. 수강생 입장에서는 어느 부분이 중요한지 알 수 없고, 시간이 지나면 집중력이 저하되어 교안의 가독성과 효율성이 떨어진다. 강사 입장에서는 줄글로 장황한 설명이 되어 내용 전달이 효과적이지 못하고, 꼭 필요한 부분인데 간혹 누락되는 경우가 생기기도 하며, 했던 말을 또 하게 될 수도 있다.

소제목을 넣으면 강사 입장에서도 이 제목에는 어떤 내용이 반드시 들어가야 하는지, 각 소제목은 어떤 순서로 등장해야 논리적인 흐름에 맞는지 정리하기 좋다. 수강생 입장에서도 소제목을 보면 지금 내가 공부하고 있는 부분이 어디고, 어느 부분이 중요한지 파악하기 쉽다. 따라서 교안을 작성할 때는 잊지 말자. 구조적인 교안은 '소제목-문단, 소제목-문단'으로 이루어진다.

이제, 구조적인 교안이 갖추어야 할 다른 내용도 더 알아보자.

결론부터 이야기

'소제목-문단'에서 각 문단들은 모두 결론을 먼저 이야기해야 한다. 즉, '소제목 1-결론-세부 설명', '소제목 2-결론-세부 설명', '소제목 3-결론-세부 설명' 이런 식의 세트로 문단이 구성되어야 한다. 인문학적 글쓰기에서 사용되는 도치법이나 반전에 반전을 부르는 구조, 한 치 앞을 내다볼 수 없는 구성은 배제한다. 강의 교안은 정확하게, 추측의 여지없이 결론부터 확실히 말해줘야 한다.

요약본

교안의 중간중간 한 챕터가 끝날 때, 그리고 마지막 결론에서는 한 장짜리 요약본으로 전체가 한눈에 보이게 해야 한다. 한 챕터가 끝났을 때, 같은 카테고리의 여러 챕터가 끝났을 때, 강의가 끝났을 때, 그때마다 끊임없이 요약하고 정리하고 상기시키고 반복해야 한다. 학습의 기본은 반복이다.

전체-부분-전체

어떤 주제를 강의할 때는 기본적으로 '전체-부분-전체'의 구조를 따른다. 전체를 설명하고, 세부 내용을 설명하고, 다시 전체 내용을 설명한다. 전체를 이해시킨 뒤 세부 사항을 이해시키고 마지막으로 다시 한 번 전체를 아우를 수 있기 때문이다. 이 방식은 가장 효과적으로 수강생을 이해시킬 수 있고, 또한 전통적으로 사용되는 프레젠테이션 기법이다.

'소제목 - 문단'에서 각 문단들은 모두 결론을 먼저 이야기해야 한다. 즉, '소제목 1 - 결론 - 세부 설명', '소제목 2 - 결론 - 세부 설명', '소제목 3 - 결론 - 세부 설명' 이런 식의 세트로 문단이 구성되어야 한다. 인문학적 글쓰기에서 사용되는 도치법이나 반전에 반전을 부르는 구조, 한 치 앞을 내다볼 수 없는 구성은 배제한다. 강의 교안은 정확하게, 추측의 여지없이 결론부터 확실히 말해줘야 한다. 교안의 중간중간 한 챕터가 끝날 때, 그리고 마지막 결론에서는 한 장짜리 요약본으로 전체가 한눈에 보이게 해야 한다. 한 챕터가 끝났을 때, 같은 카테고리의 여러 챕터가 끝났을 때, 강의가 끝났을 때, 그때마다 끊임없이 요약하고 정리하고 상기시키고 반복해야 한다. 학습의 기본은 반복이다. 어떤 주제를 강의할 때는 기본적으로 '전체 - 부분 - 전체'의 구조를 따른다. 전체를 설명하고, 세부 내용을 설명하고, 다시 전체 내용을 설명한다. 전체를 이해시킨 뒤 세부 사항을 이해시키고 마지막으로 다시 한 번 전체를 아우를 수 있기 때문이다. 이 방식은 가장 효과적으로 수강생을 이해시킬 수 있고, 또한 전통적으로 사용되는 프레젠테이션 기법이다.

결론부터 이야기

'소제목 - 문단'에서 각 문단들은 모두 결론을 먼저 이야기해야 한다. 즉, '소제목 1 - 결론 - 세부 설명', '소제목 2 - 결론 - 세부 설명', '소제목 3 - 결론 - 세부 설명' 이런 식의 세트로 문단이 구성되어야 한다. 인문학적 글쓰기에서 사용되는 도치법이나 반전에 반전을 부르는 구조, 한 치 앞을 내다볼 수 없는 구성은 배제한다. 강의 교안은 정확하게, 추측의 여지없이 결론부터 확실히 말해줘야 한다.

요약본

교안의 중간중간 한 챕터가 끝날 때, 그리고 마지막 결론에서는 한 장짜리 요약본으로 전체가 한눈에 보이게 해야 한다. 한 챕터가 끝났을 때, 같은 카테고리의 여러 챕터가 끝났을 때, 강의가 끝났을 때, 그때마다 끊임없이 요약하고 정리하고 상기시키고 반복해야 한다. 학습의 기본은 반복이다.

전체 - 부분 - 전체

어떤 주제를 강의할 때는 기본적으로 '전체 - 부분 - 전체'의 구조를 따른다. 전체를 설명하고, 세부 내용을 설명하고, 다시 전체 내용을 설명한다. 전체를 이해시킨 뒤 세부 사항을 이해시키고 마지막으로 다시 한 번 전체를 아우를 수 있기 때문이다. 이 방식은 가장 효과적으로 수강생을 이해시킬 수 있고, 또한 전통적으로 사용되는 프레젠테이션 기법이다.

2-7 키워드 vs 설명

강의에 쓸 PPT, 업무 보고에 쓸 PPT, 성과 발표에 쓸 PPT는 그 성격에 따라 모두 형태가 다르다. 내가 할 프레젠테이션의 성격을 우선 파악한 뒤 자료를 제작해야 한다. 프레젠테이션의 성격은 그 대상이 학교 또는 회사인지 여부, 회사의 문화, 회사 내 세부 부서의 성격에 따라 다르다. 따라서 강의에 쓸 PPT라고 해서 무조건 A처럼 하고, 일반 업무 보고에 쓸 PPT이니 B처럼 하라고 정할 수는 없다. A와 B는 답이 있는 것이 아니라 청중의 상황, 소속 부서에 따라 매번 다르기 때문이다.

일반적으로 PPT를 만들 때는 슬라이드 안에 최소한의 텍스트를 쓰라고들 한다. 지나치게 설명이 많은 텍스트나 도표를 지양하고 임팩트 있는 키워드만으로 심플하게 슬라이드를 만들라고 많은 책에서 설명하고 있다. 중요한 설명은 발표자가 직접 말로 전달해야 효과적이라고들 한다. 일반적인 발표에서는 장황한 줄글로 가득한 슬라이드를 지양하고 있으며, 이 가이드는 맞는 말이다.

하지만 이 책은 기본적으로 '사내 강의'가 대상이다. 사내 강의에서 슬라이드는 수강생에게 발표자(강사)의 발표 도구로 끝나지 않는다. 이 강의를 들은 뒤 앞으로 회사 실무를 하기 위한 나침반 기능을 해줄 교재, 교안의 의미를 가진다. 그런데 키워드만 나열되어 있다면 이 교재로 계속 복습하고 공부해야 하는 수강생에게는 맞지 않을 것이다. 사내 강의를 하는 강사라면 수강생의 직급, 수강생의 이전 교육 수료 상황, 필수 교육인지 선택 교육인지 등의 특성, 교육 담당자를 통해 문서 포맷을 미리 파악해두는 것이 정말 중요하다. 내 강의 타입에서는 어떤 슬라이드 교안이 잘 맞는지 알아야 한다. 사내 강의는 일반 프레젠팅과 달리 키워드 위주의 교안이 맞을지, 자세한 설명이 있는 교안이 맞을지, 일괄적인 답이 정해진 것이 아니므로 상황에 따라 결정해야 한다는 뜻이다.

내 강의에서 키워드 위주의 교안이 필요하다면 교안에는 키워드만 적고 지나친 줄글 설명은 넣지 않는다. 해당 키워드에 대한 구체적인 내용은 강사가 말로 설명한다.

반면 자세한 설명이 들어간 자료가 필요하다면 세세한 설명, 그래프, 표, 구체적인 데이터를 일목요연하게 넣어준다. 자세한 내용은 교재에 있으니 이때는 강사가 중요하고 대표적인 내용을 핵심적으로 짚어주는 것이 좋은 방법이다. 교재에 있는 줄글을

설명 슬라이드 vs 키워드 슬라이드	
설명 슬라이드	**키워드 슬라이드**
결론부터 이야기 '소제목-문단'에서 각 문단들은 모두 결론을 먼저 이야기해야 한다. **요약본** 교안의 중간중간 한 챕터가 끝날 때, 그리고 마지막 결론에서는 한 장짜리 요약본으로 전체가 한눈에 보이게 해야 한다. **전체-부분-전체** 어떤 주제를 강의할 때는 기본적으로 '전체-부분-전체'의 구조를 따른다. 전체를 설명하고, 세부 내용을 설명하고, 다시 전체 내용을 설명한다. 전체를 이해시킨 뒤 세부 사항을 이해시키고 마지막으로 다시 한 번 전체를 아우를 수 있기 때문이다.	**결론부터 이야기** **요약본** **전체-부분-전체**

일일이 낭독하는 것은 지루한 강의로 가는 지름길이다.

내 강의니까 내가 선호하고 잘하는 스타일로 자료를 만들면 된다고 생각하는 것은 프로 강사답지 못한 태도다. 강의의 성격과 상황을 교육 담당자 및 수강생을 통해 미리 파악해두고 그것에 맞춰 교안을 만드는 것이 프로 강사의 자세다. 그리고 어떤 상황에서도 각 상황에 맞는 강의를 할 수 있어야 한다. 키워드식 자료에서는 헤매고, 자세한 설명이 들어간 자료가 있어야만 강의가 된다거나 또는 그 반대 경우라면 그 강사는 프로가 아니다.

2-8 각주, 미주, 노트

교안을 작성할 때 각주, 미주, 노트가 필요할 때가 있다.

각주

슬라이드에 등장한 중요 단어 풀이를 해당 슬라이드 하단에 바로 기재하는 방법이다. 단어 옆에는 작은 위첨자 숫자를 표시하고 슬라이드 하단에 해당 숫자에 맞는 단어 풀이를 기재한다. 슬라이드 내용을 이해하기 위해 반드시 필요한 중요 단어일 경우에는 (다른 슬라이드 페이지를 찾아보지 않아도 되도록) 해당 슬라이드 안에서 내용 파악이 모두 되도록 각주 처리를 한다.

미주

각 슬라이드에 등장한 중요 단어 풀이를 모두 모아서 슬라이드 맨 끝에 일괄 기재하는 방법이다. 단어 옆에는 작은 위첨자 숫자를 표시하고 맨 마지막 슬라이드에서 해당 숫자에 맞는 단어 풀이를 기재한다. 중요한 단어의 경우는 앞에서 말한 각주로 처리하는 것이 가장 좋지만, 이 정도 수준으로 중요한 단어가 아닐 경우에는 미주 처리를 한다.

노트

슬라이드에 등장한 중요 단어 풀이를 해당 슬라이드 본문에 바로 기재하는 방법이다. 'Note', '용어 풀이', '이것만은 꼭' 이런 항목을 붙인 뒤 단어 풀이를 본문에 바로 자세히 기재한다. 이 항목은 일반 본문과는 구분하여 볼드 처리, 다른 색상 적용, 다른 폰트 적용, 다른 크기 적용, 밑줄 적용 등의 스타일 처리를 한다. 가장 좋은 방법은 이 중 한 가지 효과만을 사용하는 것이며, 가장 안 좋은 방법은 이 모든 효과를 다 쓰는 것이다. 지나친 효과는 시선을 분산시키고 세련되지 못한 문서라는 인상을 준다. 흑백으로 인쇄할 경우를 대비하여, 색상을 다르게 하는 효과를 주는 것은 권장하지 않는다.

각주, 미주, 노트는 그 단어의 중요성에 따라 선택되는 단어 풀이 방식이다. 해당 강의와 슬라이드의 내용을 이해하는 데 반드시 필요한 용어인지 살펴보고, 그 중요도에 따라 '노트〉각주〉미주' 순서로 처리한다. 중요한 용어일수록 노트 또는 각주로 처리하고, 반드시 그 슬라이드에서 알 필요가 없는 용어라면 미주로

각주[1]
슬라이드에 등장한 중요 단어 풀이를 해당 슬라이드 하단에 바로 기재하는 방법이다. 단어 옆에는 작은 위첨자 숫자를 표시하고 슬라이드 하단에 해당 숫자에 맞는 단어 풀이를 기재한다. 슬라이드 내용을 이해하기 위해 반드시 필요한 중요 단어일 경우에는 (다른 슬라이드 페이지를 찾아보지 않아도 되도록) 해당 슬라이드 안에서 내용 파악이 모두 되도록 각주 처리를 한다.

---

1   논문 따위의 글을 쓸 때, 본문의 어떤 부분의 뜻을 보충하거나 풀이한 글을 본문의 아래쪽에 따로 단 것.

Note
본 기능은 국내향, 북미향, 유럽향, 일본향 별로 UI가 다르므로 반드시 정확한 타깃 지역을 확인해야 한다.

처리한다. 이 중요도는 수강생의 상황, 수준을 보고 강사가 판단하여 정한다. 같은 주제의 강의라도 그때그때 해당 차수 수강생 상황에 따라 슬라이드 내의 노트, 각주, 미주 처리가 달라질 수도 있다. 수강생이 정치외교학과 학생들인 경우, 컴퓨터공학과 학생들인 경우, 마케팅 부서 직원들인 경우, 개발 부서 직원들인 경우 등 각 상황마다 자세한 용어 풀이가 필요한 단어, 용어 풀이 없이 바로 이해되는 단어가 모두 다르기 때문이다.

2-9 글머리 기호와 번호 매기기

교안 작성 시, 여러 내용을 나열해야 할 경우가 있다. 이때는 글머리 기호를 쓰는 경우와 번호 매기기의 경우로 나눌 수 있다.

• 글머리 기호
• 글머리 기호

1. 번호 매기기
2. 번호 매기기

글머리 기호는 같은 수준의 내용을 나열할 때 사용한다. 각 내용 사이에 우선순위가 있거나 지켜야 할 절차의 의미가 있는 것이 아니다. 반면 번호 매기기는 각 내용에 우선순위가 있거나 순차적으로 이루어져야 하는 경우에 사용한다.

- Windows에서 지원되는 API
- Linux에서 지원되는 API
- 2.0 버전에서 Bug Fix된 API
- 3.0 버전에서 지원할 API

번호 매기기

설치 방법
1. Installation Mode 버튼을 누른다.
2. Installation Guide 화면이 나타나면 OK 버튼을 누른다.
3. 설치 가능한 소프트웨어 버전이 나타나면 하나 선택한다.

"수강생이 이런 것까지 생각하며 강의를 들을까?"

"지나치게 원칙을 고려하는 것이 아닐까?"

"이렇게까지 안 해도 다 알아듣지 않나?"

"중요한 건 강의 주제 아닐까?"

이런 생각이 드는가?

글머리 기호와 번호 매기기 기법을 제대로 적용하지 않은 한 장짜리 문서와 글머리 기호와 번호 매기기 기법을 정확히 적용한 한 장짜리 문서가 있다고 가정해보자. 어쩌면 이 두 문서는 크게 차이가 없을지도 모른다. 하지만 글머리 기호와 번호 매기기 기법을 제대로 적용하지 않은 50쪽짜리 교안과 글머리 기호와 번호 매기기 기법을 정확히 적용한 50쪽짜리 교안이 있다면, 이야기가

당신이 잊지 못할 강의

달라진다.

비단 이 챕터에만 적용되는 것이 아니다. 내가 이 책에서 이야기하는 기법들이 모두 다 그렇다. 올바른 기법을 착실하고 정확하게 적용한 한 페이지 한 페이지가 모여 만들어진 교안은 그 품격이 다르다.

2-10 예시를 보여줘야 한다

모든 강의, 프레젠테이션, 발표는 이론만으로 끝내서는 안 된다. 강사가 어떤 사실이나 이론, 방법을 강의했다면 그에 대한 실제 예제를 반드시 제시해야 한다. 이것은 학교나 회사에서 하는 발표 및 보고에도 똑같이 적용된다. 사람들이 진심으로 어떤 주제를 이해하고 납득하는 것은 그 주제에 대한 근거 있는 실제 예제가 있을 때다. 이런 실제 예제를 보여주면 사람들이 그 강의 주제를 더 쉽게 이해할 수 있다.

실제 예제가 필요한 이유로, 많은 사람이 쉽게 알아채지 못하는 것이 하나 더 있다. 실제 예제가 많은 교안은, 강사가 많이 준비했다는 성실함과 성의를 수강생에게 어필할 수 있기 때문에 강사와 수강생의 관계를 돈독하게 한다.

"예제를 보니까 이해가 되네."

"실제로 마케팅 부서에서는 저렇게 쓰는구나."

실제 예제는 수강생에게 이와 같은 이성적이고 논리적인 피드백을 준다. 그리고 다음과 같은 감정적인 교감, 신뢰감을 주는 기능을 하기도 한다.

"저 강사님이 준비를 많이 해 오셨구나."

"강사님이 이 강의에 신경을 많이 쓰셨구나."

"지금 딱 졸린 타이밍이었는데 재미있는 예제를 보니 잠도 확 깨네. 센스 있는 강사님이다."

"이렇게 많은 예제를 조사해 오다니, 정말 공부를 사전에 많이 했고 경력도 출중한 강사님이다. 배울 게 있겠다."

2-11 의미 있는 예시란

예제가 중요하다는 것은 앞에서 이야기했다. 하지만 우리는 아무 예제나 취급하지 않는다. 우리는 '잊지 못할 강의'를 만들고 있는 중이다. 당연히 예제 역시 엄격히 선별한 의미 있는 예제여야 한다. 그렇다면 의미 있는 예제, 도움이 되는 예제는 무엇일까?

- 실무에 도움이 되는 실용적인 예제
- 가능한 한 최근의 예제
- 쉬운 예제, 어려운 예제 등 난이도가 다양한 예제

이런 예제가 좋은 예제다.

나는 기술 문서 작성법(Technical Documentation) 강의를 할 때 가장 최근에 작성한 문서를 수강생에게 예제로 보여준다. 이론을 설명한 다음 반드시 실제 파일을 열어서 보여주고 어떻게 작성되었는지 말해준다. 이 예제는 늘 같은 것을 쓰면 안 된다. 매번 최신 파일로 교체하여 강의마다 최근에 쓴 파일을 보여주는 것이 좋다. 최근 내용일 때 수강생의 신뢰를 얻기 쉽고, 강사의 준비성도 어필할 수 있다.

수강생이 낸 과제를 예제로 보여줄 때도, 일 년 전 차수 수강생의 자료보다는 바로 전 차수 수강생의 자료를 보여주는 편이 좋다. 내용이 최근으로 업데이트된 자료일수록 공감을 얻기 쉽다. 최근 자료는 더 최신 툴을 사용하고, 좀 더 최신 내용을 담고 있기 때문에 수강생이 훨씬 많은 내용을 습득하고 배울 수 있다. 물론 과거 자료라 해도 꼭 필요한 내용이 있다면 배제하지 않아야 한다.

2-12 동영상 활용하기

당신이 콘텐츠를 완벽하게 장악했다면 이를 만천하에 알려야 한다. 그것도 아주 효과적인 방법으로. 어리숙한 전달 방법 때문에 당신이 고생해서 장악한 콘텐츠를 제대로 알리지 못한다면 너무 억울하지 않는가.

강사는 기본적으로 '말'로 내용을 전달하지만, 부가적으로 '동영상'을 틀어주거나, '사진'을 보여주거나, '실물'을 보여주는 것은 좋은 시도이다.

강의 주제가 녹아 있는 영화의 한 장면, 해당 주제를 이야기하고 있는 드라마 속 주인공, 해당 제품이 실제로 시트콤에 나온 장면, 해당 토픽이 실린 기사, 해당 주제를 보여주는 사진, 해당 콘텐츠에 대한 사람들의 인터뷰 등은 매우 좋은 예다. 이런 것들은 강사가 꾸준히 주변을 살펴보고, 찾고, 공부해야 얻을 수 있다.

하루 종일 강의 주제에 빠져 이에 대한 자료를 찾는다면 영화를 볼 때도, 드라마를 볼 때도, 책을 볼 때도, 신문을 볼 때도, 음악을 들을 때도, 거리를 걸을 때도, 세상 모든 것이 강의 교안 샘플로 보인다.

장담컨대, 이렇게 고생해서 찾은 샘플은 당신이 하는 강의를 빛나게 해줄 것이다. 딱 맞는 샘플을 찾았을 때의 기쁨과 수강생의 만족을 통해 얻는 희열도 이러한 고생 끝에 주어진다.

강의 내용에 맞는 멋진 동영상이나 보조 자료를 제시하면 세 가지 면에서 효과가 있다.

첫째, 당신의 강의에 객관적인 설득력을 더 부여할 수 있다. 왜냐하면 강사의 논리와 설명이 정확히 반영된 실제 사례를 동영상이나 사진으로 바로 봤으므로 신뢰가 생기기 때문이다. 동영상이나 사진이 강사의 주장에 대한 객관적인 근거가 되는 것이다.

둘째, 당신의 수강생에게 '감동'을 줄 수 있다. 수강생은, '이 강사님이 이렇게까지 준비했구나', '수강생이 이렇게 쉽게 이해할 수 있도록 자료를 준비하다니, 정말 정성을 들이셨구나' 하는 교감을 이루게 될 것이다.

셋째, 수강생의 이목을 집중시키고 졸음을 예방할 수 있다. 동영상은 기본적으로 사람을 집중하게 만든다. (사실 내용과 무관하게) 동영상, 사진을 제시하면 졸던 수강생도 일단 눈을 뜨고 이를 보려 한다. 오후 시간 또는 한 시간 강의 후 적절한 타이밍에 동영상 예제를 활용하면 효과적으로 주의를 환기할 수 있다. 물론 동영상은 강의 주제와 정확히 관련 있는 것이어야 한다. 단순히 웃기는 영상, 또는 음악 영상을 분위기 전환용으로 틀어서는 절대 안 된다. 강의 내용과 무관한 유머 영상을 분위기 환기 차 사용하는 강사도 종종 있다. 하지만 나는 이 방법이 좋다고 생각하지 않는다. 강의 중에 나온 모든 말과 자료는 재미 면에서 중요한 것이 아니라 '강의 주제'와 관련 있는지가 중요하다. 툭 던지는 농담도, 지나가는 우스갯소리도, 모두 '강의 주제'를 효과적으로 전달하고, 에너지가 넘치는 강의를 만들기 위한 목표로 귀결되어야 한다.

나는 기술 문서 작성법 강의를 할 때 영화나 드라마에서 문서를 읽거나 쓰는 장면이 나오면 모조리 수집했다. 영화 〈그래비티(Gravity)〉에서 주인공이 위급한 상황에 처했을 때 우주선을 조종하는 방법을 몰라 다급히 매뉴얼을 찾던 장면이나, 영화 〈신기전〉에서 주인공이 화약 무기 제작 설계 문서를 작성하고 이를 지키는 장면 등, 문서의 중요성을 강조하거나 문서 작성과 관련된 내용이 나오면 강의에 사용하려고 바로 모아두었다.

당신의 강의 주제와 관련된 내용이 나오는 드라마나 영화 장면이 있으면 일단 모두 모아두자. 강의에 바로 쓸 수 있는 경우도 있고, 당장은 못 써도 다른 강의에 유용하게 활용할 때가 있을 것이다.

동영상이나 사진을 가져올 때는 저작권이나 초상권에 대해서도 유의해야 한다. 요즘 웹사이트들은 무료 이미지나 동영상을 제공하면서 저작권 문제가 있는지, 바로 가져다 써도 되는지, 출처를 명시해야 하는지를 잘 기재하고 있으므로 이를 참고하여 이미지를 가져오면 된다. 유명인의 사진을 이용할 때 얼굴이 나온 것은 저작권과 별개로 초상권에도 유의해야 한다.

2-13 보조 교재 활용하기

강의 중에 특정 예제 파일을 보여줘야 할 경우가 있다. 본 교재 안에 파일 내용을 다 복사해서 넣는 것은 의미가 없을 때가 있다. 내용이 길거나 용량이 큰 경우도 그렇지만, 독립된 파일 자체가 완전한 예제일 때도 있기 때문이다. 그러한 경우에는 본 교안에 내용을 다 넣지 않는다. 예를 들어 기술 문서 작성법 강의에서 사용자 가이드(User Guide) 샘플 같은 보조 교재가 워드프로세서 파일이고 강의 교안은 파워포인트 파일일 경우, 강의 교안에 보조 교재를 모두 복사해서 넣는 것보다는 따로 열어서 보여주는 것이 훨씬 설득력 있고 효과적이다.

특정 문서 파일, 그림 파일, 동영상 파일, 웹사이트 등의 보조 교재라면, 링크를 걸어놓고 그때그때 파일을 열어서 보여준 뒤 말로 설명해주는 것이 좋다. 보조 교재들은 모두 인쇄해서 나누어줘야 할 경우도 있지만, 대부분은 화면에 띄워서 보여주는 것으로 충분하다.

샘플로 사용할 보조 교재를 강사가 직접 제작해야 하는 경우도 있다. 예를 들어 기술 문서 작성법 강의는 강의를 위해 설치 가이드(Installation Guide) 샘플을 따로 만들기도 했다. 강사가 설명하려고 하는 잘된 부분, 잘못된 부분이 모두 있는 맞춤형 파일을 만들기 위해서였다. 이런 경우에는 다음과 같은 일반적인 규칙이 있다.

다양한 삽화, 도표, 그래프

이것은 본 교안에서도 마찬가지지만, 특히나 보조 교재에서는 더 지켜야 할 규칙이다. 본 교안을 세심히 다 보기도 힘든데 보조 교재마저 글이 많고 복잡하다면, 수강생의 주의를 끌기 어렵고 수강생이 내용을 읽어보려는 의지도 줄어들 것이다. 한눈에 볼 수 있는, 시각적으로 시원한 이미지 효과를 사용하자.

적정한 여백

지나친 의욕 때문에 너무 많은 내용을 자료에 넣다 보면 가독성이 떨어진다. 적정한 여백을 두어 여유와 안정성을 확보하자.

학습 후에 얻게 될 실용적인 효과

이 강좌를 들은 후에 수강생이 어떤 효과나 이득을 얻게 될 것인지 구체적으로 말해주면 좋다. 이왕 보조 교재를 직접 제작해야 하는 경우라면 실제 아웃풋 파일이나 사례를 사용해서 보여줄 때 강의 효과가 훨씬 더 크다.

당신이 잊지 못할 강의

2-14 예시를 제시하는 방법

　일부 예제는 파일로 제시할 수 없는 경우도 있다. 실물이나 실제 제품을 예제로 보여줄 때가 그렇다. 크기가 작은 제품이거나 실제로 만져봐야 할 예제라면 이를 어떻게 수강생에게 전달할까? 수강생 숫자가 많은 경우에는 특히 난감할 수 있다. 이러한 예제들은 강사가 실물을 앞에 들고 서서 보여준다 한들 뒤에 앉은 사람들에게는 잘 보이지 않는다. 실시간 영상으로 강사의 모습이나 제품을 뒷자리에서도 볼 수 있게 큰 화면으로 보여준다 해도, 모든 수강생이 그 질감이나 색감을 바로 느끼기는 어렵다. 각 조마다 돌아가며 만져보도록 돌리는 것은 시간이 오래 걸리는 데다, 뒤에 있는 조는 기다리기 지루해한다. 이러한 경우에는 어떻게 하는 것이 가장 좋을까?

　실제로 꼭 만져봐야 하는 제품이라면 다른 방법이 없다. 앞서 설명한 대로 지루하더라도 기다려서 모두가 만져보든지, 또는 그 제품을 최대한 많이 가져와서 빠른 시간 안에 다들 체험하게끔

하는 것이 좋다.

하지만 꼭 실제 질감이 중요하지 않다면 사진이나 동영상으로 보여줘도 좋다.

청중이 많다면 강사가 강의석에서 보여주는 작은 소품, 책자로 는 모든 사람을 이해시키기 어려운 경우가 많다. 맨 뒤에 앉은 청 중은 소품이 잘 보이지 않아 짜증이 나고 몰입하기도 어렵다. 이 럴 때는 사진으로 찍어서 슬라이드로 크게 보여주는 것이 전달력 면에서 훨씬 효율적이다.

특정 시스템이나 사이트의 기능을 설명하는 경우는 어떨까? 가 장 좋은 것은 강사가 현장감 있게 바로 시연하는 것이다. 하지만 실시간 시연은 현장 네트워크가 느리거나 당일에 예상치 못한 오 류가 나기도 한다. 이럴 때는 아예 시연하는 모습을 영상으로 찍 어서 동영상 파일(swf, avi)로 녹화해둔 뒤 교실에서 그것을 재생 해 보여주는 것도 한 가지 방법이다.

앞서 말한 방법들은 현장감이 살아 있는 대신, 오류 위험이 있 거나 안정적이지만 지루할 수 있거나 하는 각각의 장단점이 있 다. 따라서 장소, 시간, 강사, 수강생이라는 다양한 변수에 맞춰 딱 맞는 방법을 사용하자.

2-15 툴을 다양하게 써보자

　세상에는 당신의 교안을 최고로 만들어줄 수 있는 툴이 무궁무진하다. 콘텐츠를 장악했다면 그것을 최상으로 표현해줄, 당신에게 잘 맞는 툴들을 열심히 찾고 활용해보자.

　최신 툴, 좋은 툴, 신기한 툴을 찾아서 써보고 내 교안에 적용하는 것을 게을리하지 말아야 한다. 이것은 두 가지 면에서 중요하다.

　첫째, 이 툴을 통해 더 나은, 더 좋은, 더 이해하기 쉬운 콘텐츠 표현이 가능하다.

　둘째, 이 툴을 찾아서 사용해봤다는 '정성'을 수강생에게 어필할 수 있다. 새로운 툴을 찾아서 써보고 실제로 교안에 반영하며 늘 최신 버전으로 교안을 관리하고 있다는 것은, 강사가 이 강의를 소중히 여기고 잘하려 애쓰고 있고 항상 새 버전을 준비하고 있다는 것을 가장 분명하게 증명해준다. 이것은 강사와 수강생 사이에 신뢰라는 교감을 형성한다. '정성', '신뢰', '교감', 이들을 내가 이 책에서 계속 반복해 강조하고 있음은 여러분도 눈치채셨으리라. 수강생과의 교감은 여러 책이나 자료에서 흔히 말하는 '아이 컨택'만으로 이루어지는 것이 아니다. 눈만 쳐다본다고 교감이 생길까? 진정한 교감은 앞서 설명한 여러 소소한 요소들을 통해 강의 진행 내내 상호 간에 느껴지는 것이다.

늘 쓰던 툴에서 벗어나 여러 가지 다른 툴과 프로그램을 수시로 찾아보자. 아울러 각종 교안 제작용 프레젠테이션 파일 예제나 템플릿을 제공해주는 사이트도 살펴보자. 여러 사이트에서 다른 이들이 사용한 좋은 예제를 볼 수 있고 요즘의 트렌드, 자주 쓰는 효과, 히트한 양식도 수시로 체크할 수 있다.

2-16 사진과 그림, 어느 것이 나을까

교안에 예제 이미지를 사용해야 하는 경우가 있다. 이때 직접 찍은 사진 이미지가 좋을까, 아니면 따로 그린 그림 이미지가 좋을까.

나는 이전에는 실제 사진만 한 것이 없다고 생각했다. 당연히 사진이 가장 좋다고 여겼던 것이다. 하지만 교안을 제작해보니 따로 그린 일러스트나 다이어그램이 내용 전달에 더 용이했다.

사진은 전문가가 해당 상황을 정확히 연출하여 프로페셔널하게 보여줄 때만 효과가 있다. 전문가가 아니라 일반인이 찍은 사진은 각도도 잘 맞지 않고 우리가 생각하는 것처럼 원하는 부분이 청중에게 정확히 보이지 않는다.

예를 들어 TV 뒷면의 입력 연결 단자에 대해 설명한다고 가정해보자. 이 부분을 사진으로 찍어서 보여주면 실제 느낌은 날 수 있지만 자칫 어둡게 찍혀 특정 연결 부분이 잘 보이지 않을 수 있다. 특히 종이로 인쇄했을 때, 사진은 굉장히 어둡게 프린트되어

사진에서는 불필요한 선과 단자들이 보인다.

[그림의 경우: TV 뒷면]

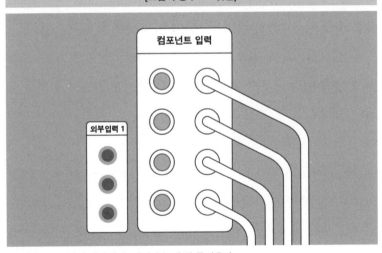

강조하려는 부분만 나타낼 수 있어서 눈에 잘 들어온다.

[사진의 경우: 콘센트]

의도하지 않은 방바닥, 주변 선, 다른 제품들의 그림자 같은 불필요한 배경이 함께 보인다.

[그림의 경우: 콘센트]

원하는 부분, 세밀한 부분만 강조하여 깔끔하게 그릴 수 있고 주변의 불필요한 배경이 없다.

세부 부분이 잘 안 보인다. 사진 이미지를 교안 파일 안에 넣고 보면 교안이 생각보다 투박해 보이기도 한다. 이전에 찍었던 사진일 경우 (사진 해상도가 낮거나 TV를 찍을 때 같이 찍힌 주변의 오래된 장치들 때문에) 교안 역시 덩달아 업데이트하지 않은 오래된 버전의 파일처럼 보이는 단점도 있다. 반대로 이 부분을 일러스트로 그려서 보여주면 실제 느낌은 덜하지만 중요한 연결 부분이 어둡게 보이거나 잘 안 보일 가능성은 없다. 각도나 음영 문제가 없고 종이로 인쇄해도 잘 보일 것이다. 해당 부분이 가장 잘 보이게 따로 이미지를 제작했기 때문이다. 그리고 일러스트 이미지를 교안 파일 안에 넣는다면 특별히 교안이 투박해 보이거나 교안의 톤과 어긋나지 않는다.

물론 각 상황별로 사진이 더 맞는 경우도 있고 일러스트 이미지가 더 맞는 경우도 있겠지만 일반적으로는 이와 같은 특성이 있음을 감안하여 교안을 만들면 좋겠다.

2-17 수강생 상황별 준비

　실습이 필요한 강의라면 수강생의 상황에 맞춘 교안을 준비해야 한다. 예를 들어 특정 툴 3.0 버전을 활용한 강의여서 3.0 버전을 기준으로 교안을 작성했으나 수강생 노트북에는 1.0이나 2.0 버전이 설치되어 있을 수도 있다. 이런 경우 3.0 버전의 스크린샷 캡처가 있는 교안이 수강생에게 와 닿을 수 없다. 따라서 수강생 상황에 맞추어 교안을 따로 준비해야 한다.

　강의 전에 이런 상황을 미리 알 수 없을 때를 대비해, 나는 1.0, 2.0, 3.0 버전으로 동일한 캡처를 세 가지 준비했다. 세 가지 버전으로 동일한 교안을 준비한 것이다. 이처럼 어떤 상황에도 대응할 수 있도록 완벽한 교안을 준비해야 한다. 이는 수강생에게도 효과적인 프레젠테이션이 되지만, 강사에게도 안정적인 환경에서 미리 준비해 온 자료를 꺼내 대응할 수 있는 여유로운 프레젠테이션이 된다.

　교안만 버전별로 준비하는 것이 아니라, 실제 툴을 작동하는 시퀀스도 각 버전별로 설명이 가능하도록 버전별 메뉴 위치, 버튼 위치를 완전히 숙지하고 가야 한다. 현장에서 수강생별로 툴 버전이 다른 탓에 강사가 메뉴를 못 찾거나 설명을 못해 허둥대는 모습을 보이는 것은 프로 강사답지 못하다.

특히 IT 업계에서 하는 툴 강의라면 각 툴의 메뉴, 버튼의 위치를 정확히 외우는 것이 중요하다. 강사가 본인 노트북에서 툴을 다루며 시연을 하는 것 외에, 교실 안을 돌아다니며 수강생의 실습을 도와주는 경우가 있다. 이럴 때는 강사가 메뉴의 위치를 이미 외운 상태에서 "A를 선택한 후에 B가 뜨면 C를 누르세요"라고 하면서 수강생이 잘 실습하고 있는지 교실을 둘러보면 아주 효과적이다. 노트북으로 툴을 작동시키면서 맨 앞 교탁에 앉아 말로만 지시하는 것과 이렇게 둘러보면서 수강생 상황을 체크하고 실습하는 것은 큰 차이가 있다.

부끄러움을 타거나 (물어보기) 귀찮아하는 수강생이라도 강사가 바로 옆에 다가오면 잘 안 되거나 궁금한 점을 부담 없이 물어보곤 한다. 강사 역시 수강생이 실습을 잘 따라오고 있는지, 수강생은 어려워하는데 강사 혼자 진도를 나가고 있는 것은 아닌지, 딴짓을 하는 수강생은 없는지, 바로 체크할 수 있어서 좋다.

2-18 인쇄용 자료와 발표용 자료의 불일치

인쇄용 자료와 발표용 자료를 따로 만들어야 하는 경우가 있고, 한 가지로 통일해서 가는 경우가 있다.

프레젠테이션 성격상 특정 내용은 발표할 때만 보여주고 수강생에게 나눠주는 인쇄용 자료에는 빼기도 한다. 이는 보안이나 교육 효과를 위해 흔히 있는 일이다. 또는 반대로, 발표할 때는 간단히 소개만 하고 자세한 내용은 인쇄용 자료에서 세세하게 다루는 경우도 있다.

사내 강의에서는 해당 발표를 주관하는 교육팀 담당자와 긴밀하게 협의해서 자료로 공개할 범위를 미리 정해두는 것이 필요하다. 또는 해당 부서에서 따로 요청이 없었지만 강사 스스로 필요에 따라 A 부분은 인쇄용 자료에만 노출하고, B 부분은 인쇄용 자료에는 노출하지 않는 것으로 기준을 정하기도 한다. 사내 강의에서 유관 부서가 민감해하는 자료나 경쟁사 및 자사의 미발표 자료를 제시해야 할 때는 보통 발표용 자료에만 그 내용을 넣고 인쇄용 자료에는 뺀다.

또 수강생이 풀 간단한 퀴즈나 테스트가 있으면 인쇄용 자료에는 답을 빼고 문제만 넣어둔 뒤, 답은 발표용 자료에서만 보여주기도 한다. 이런 교안은 수강생이 학습 내용에 더 집중할 수 있게 하고, 수강생에게 답에 대한 궁금증을 유발시킨다. 그리고 답이 바로 보이지 않아서 질문에 대한 답을 더 적극적으로, 자신의 힘으로 생각해보게 만드는 좋은 교안이다.

특히 지난 시간에 수강생이 잘 이해하지 못한 부분이 있었다면 발표용 자료에서 그 부분을 보충해 다음 강의에서 다시 한 번 설명하는 것도 좋다. 그렇게 하면 인쇄용 자료와 발표용 자료의 내용이 조금 달라지지만, 발표용 자료는 늘 실시간으로 업데이트해 지난 강의에서 나왔던 고쳐야 할 점을 바로 반영해둔다.

당신이 잊지 못할 강의

2-19 인쇄용 자료와 발표용 자료의 일치

보통 인쇄용 자료와 발표용 자료가 다른 이유는 다음과 같다.

- 교재 인쇄물에는 쓸 수 없는 대외비 내용이 있는 경우
- 퀴즈를 내기 위해 인쇄물에서는 답을 뺀 경우
- 강의 전날까지 강사가 슬라이드 파일을 수정, 추가한 경우

이 중에서 대외비 내용이 있는 경우와 퀴즈를 위해 일부러 슬라이드 파일과 인쇄된 교재 내용을 달리한 경우를 제외하면, 기본적으로 강의 슬라이드 파일과 배포된 교재 내용은 일치하는 것이 가장 좋다. 수강생의 혼돈을 줄이고, 수강생이 강의에 잘 집중할 수 있기 때문이다.

발표용 슬라이드 내용이 인쇄용 교재에 없는 경우 수강생은 어느 페이지인지 계속 교재를 뒤척이기 마련이며, 꼭 필요하다면 본인 카메라로 강의 슬라이드를 찍어 가기도 한다. 이럴 때 수강

생은 마음이 급해져서 강의에 집중할 수 없고, 강사 역시 청중이
안정되지 못해 강의를 원활하게 진행하기 어렵다.

강의 슬라이드 파일과 인쇄된 교재가 일치할 때 비로소 수강생
의 수강 환경은 가장 편안해진다. 어떤 수강생은 교재에 나와 있
는 내용을 강의로 들으며 편하게 필기할 수 있고, 또 다른 수강생
은 교재에 이미 상세 내용이 있으므로 안심하고 일단 강의를 듣
는 데 매진할 수 있기 때문이다.

2-20 교안에 넣을 때 조심해야 하는 자료

사내 강의를 하다 보면 특정 부서의 자료를 예시로 보여줘야 할 때가 있다. 만약 그 자료가 대외비, 비밀, 부서 내 한정된 공유 사항이라면 교안에 절대로 실으면 안 된다. 사전에 필히 각 자료의 공개 가능 수준을 체크해두어야 한다. 해당 자료와 관련된 부서장 확인을 반드시 받고 공개 가능 여부를 알아두어야 한다.

간혹 어떤 자료는 슬라이드로 보여주는 것만 가능하고 프린트한 교안에는 실을 수 없는 것도 있다. 이런 자료를 슬라이드로 보여줄 때는, 수강생에게 사진을 찍어 가거나 이 내용을 다른 곳에 유포하면 안 된다고 알려주어야 한다.

2-21 발표 슬라이드는 꼭 필요할까

A

강의 시작에 앞서 이번 강의의 배경, 강사 이력, 강의 전체 콘셉트를 설명할 때, 발표 슬라이드를 켜지 않은 상태에서 강사가 멘트만 한다.

B

이번 강의의 배경, 강사 이력, 강의 전체 콘셉트를 발표 슬라이드 본문 앞에 기재해둔 뒤, 강사 멘트와 함께 이 슬라이드를 보여준다.

A는 강사에게 수강생의 이목을 집중시키고, 강의를 본격적으로 시작하기 전에 주의를 환기할 수 있다. B는 수강생에게 체계적인 정보를 줄 수 있고, 수강생이 교안을 차후에 복습하거나 내용을 메모할 때 유리하다.

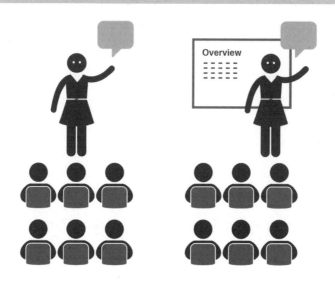

발표 슬라이드 없이 강의하는 경우, 발표 슬라이드와 함께 강의하는 경우

강의 시작하기 전의 도입부 말고, 본 강의 중에서도 발표 슬라이드는 옵션이다. 발표 슬라이드 없이 강사가 말로만 설명할 경우 수강생의 이목을 강사에게로 집중시킬 수 있다. 단, 발표 슬라이드의 텍스트 없이 내용을 전달해야 하므로 강사가 정확히, 천천히 내용을 잘 설명해야 한다. 하지만 복잡한 내용이거나 차후 복습이 꼭 필요한 부분이라면 텍스트로 정리된 발표 슬라이드가 같이 있는 편이 더 좋겠다. 정답은 없으니 강사 본인에게 더 맞는 타입, 강의 성격, 수강생 유형에 맞추어 진행하면 된다.

2-22 제목 풀어쓰기

강의 슬라이드별로 제목을 쓸 때 약어를 사용해서는 안 된다. 제목은 수강생이 보자마자 무슨 내용인지 알 수 있어야 한다. 팀 내에서만 쓰는 약어, 특정 부서에서만 쓰는 축약어를 사용하면 그 밖의 사람들은 무슨 뜻인지 알기 힘들다. 간혹 공간이 부족해서 제목에 약어를 써야 할지 고민되는 경우도 있겠으나, 예외는 없다. 공간을 늘려서라도 제목에는 원어를 써주는 것이 맞다. 제목의 기본적인 기능은 어떤 오해나 추측도 없이 이 제목에 속한 내용이 무엇인지 정확하게 알려주는 데 있기 때문이다. 강의의 특성, 부서의 특성 때문에 꼭 약어를 써야 하는 경우를 제외한다면 이 규칙은 지키는 것이 좋다.

제목 풀어쓰기		
3. API	→	3. Application Programming Interface
• I / O	→	• Input / Output
8. AS	→	8. Access Security

2-23 교안과 슬라이드 파일의 제목 일치

　'인쇄된 교안 목차의 제목-발표 슬라이드 맨 앞장'과 '목차의 제목-발표 슬라이드 페이지별 제목'은 반드시 일치해야 한다. 발표 슬라이드 맨 앞장의 목차 제목과 실제 강의 슬라이드 페이지별 제목이 맞지 않는 경우가 있다. 이런 강의는 전문성이 결여된 강의다. 양쪽의 내용을 통일하는 것은 기본 중의 기본이다. 목차 제목과 강의 슬라이드별 제목이 제대로 일치하는 강의는, 이 강의의 준비가 충분히 잘되었음을 어필하여 수강생에게 신뢰를 준다. 그뿐만 아니라 실제로 제목이 잘 맞아떨어지는 강의는 수강생이 강의 내용을 습득하는 데 훨씬 더 수월하다.

　잠시 다른 일을 하고 와서 다시 강의를 들어야 하는 수강생에게, 자료 간 제목이 잘 맞는 강의는 현재 어느 부분을 강의하고 있는지 쉽게 찾을 수 있어서 좋다. 또 수강생이 강사의 멘트를 메모하고 싶을 때도 교안의 정확한 부분에 메모를 남길 수 있어 편리하고 내용을 기억하기도 쉽다. 아울러 강의가 끝난 뒤 수강생

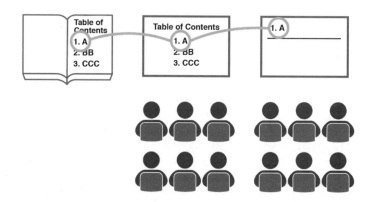
교재, 슬라이드 파일 속 제목의 일치

이 교안으로 복습을 하거나 다른 동료들에게 강의 내용을 전달하기에도 수월하고 요약하기 좋다.

2-24 교안 인쇄하기

　간혹 강의나 프레젠테이션을 할 때 쓸 파일이나 인쇄물이 수강생들에게 미리 배포되어 있지 않은 경우가 있다. 물론, 원래 파일이나 인쇄물을 배포하는 것 자체가 금지되어 있어서 별도 자료없이 강의나 프레젠테이션만 해야 할 때도 있다. 그러나 지금 내가 설명하려는 것은 원래 (파일 또는 인쇄물로) 자료가 배포되었어야 하는데, 현장에 배포가 안 되어 있는 응급 상황을 가리킨다.

　이런 경우를 대비해 미리 강의 교안 인쇄물, 프레젠테이션 파일을 준비해두어야 한다. 파일 형태로 수강생에게 직접 배포하려면 네트워크가 연결되어 있든지 USB가 필요하다. 또 파일 형태로 배포하더라도, 수강생이 노트북을 안 가지고 오면 정작 강의시간에는 아무 소용이 없다. 결국, 강의를 듣는 바로 그 현장에서는 아무 자료도 없이 강의만 듣는 셈이다.

　내 경험에 따르면, 만약을 대비해 발표 자료를 인쇄해서 가지고 가는 것이 가장 좋았다. 인터넷이나 노트북 상황에 영향을 받

당신이 잊지 못할 강의

을 일이 전혀 없는, 어떤 상황에서도 통하는 자료이기 때문이다. 물론 관련 교육팀이나 담당자가 발표 자료를 미리 준비했다고 알려주더라도, 돌발 상황을 고려해 강사가 직접 준비하는 것이 안전하다. 가장 좋은 것은 수강생 숫자대로 마련하는 것이고, 그것이 힘들다면 2~3부라도 가져가서 현장에서 복사해 쓸 수 있도록 한다.

2-25 교안 인쇄 팁

교육팀에서 교안을 인쇄할 때는 전문 인쇄 업체를 통해 제본이 이루어지기 때문에 수강생이 보기 편한 교안이 제공된다. 그러나 앞서 말한 응급 상황에 대비해 강사가 인쇄를 해 간다면 일반용 프린터를 쓸 텐데, 이때 인쇄 타입은 어떤 것이 가장 좋을까?

인쇄를 어떤 타입으로 할지는 강의 상황, 강의 수강생, 강의 성격, 강의 내용, 강의 장소에 따라 천차만별일 것이다. 파일 확장자가 html인지, doc인지, ppt인지에 따라서도 달라질 것이다. ppt일 경우의 인쇄 타입을 생각해보자. 워낙 많은 변수가 있어서 이 방법이 정답은 아니지만, 내가 주로 선호하는 방식을 제안하는 것이다.

ppt 파일의 경우, 종이 한 장에서 반은 ppt 교안을 인쇄하고, 반은 메모를 위한 빈칸 여백을 만드는 것이 가장 좋다. 메모할 수 있는 자리가 있고, 가독성이 좋아 수강생이 쉽게 피로해하지 않는다. ppt 파일 슬라이드 한 개당 한 페이지에 인쇄하는 것은 상

황에 따라 맞을 수도 있겠지만, 내 경우에는 너무 커서 투박하게 느껴졌고, 메모할 여백도 없어 불편했다.

　가능하다면 컬러로 인쇄하는 것이 가장 좋지만 사정상 흑백으로 인쇄해야 할 수도 있다. 이런 경우라면 교안 내용에서 색상으로 따로 내용을 표시한 부분이 있는지, 색상별로 특별히 구분한 내용이 있는지 등을 강사가 사전에 확인한 뒤 인쇄하도록 한다. 예를 들어 교안에 "파란색으로 표시한 부분은 북미에서……"라고 설명하는 부분이 있는데 막상 인쇄한 교안에는 파란색이 안 보인다면 너무 불친절한 교안이라고밖에 할 수 없다.

2-26 사전 설문조사

강의 교안 작성 전에 수강생을 대상으로 사전 설문조사를 하는 것도 매우 유용하다. 강사가 자신이 강의할 대상에 대해 자세히 알면 알수록 좋다. 따라서 설문조사 후에 나온 결과를 바탕으로 교안을 변경하면 효과적이다. 한번 만든 교재를 열 군데에 똑같이 적용할 수는 없다. 같은 주제를 다른 수강생에게 열 번 강의한다면 이는 열 번의 전혀 다른 강의다. 청중이 바뀌면 그것은 전혀 별개의 강의인 것이다.

사전 설문조사는 온라인과 오프라인에서 모두 할 수 있으며, 가능한 한 꼭 필요한 질문만 간단히 추려서 하는 것이 좋다. 너무 많은 문항, 구구절절한 질문, 예측 가능한 질문보다는 꼭 필요한 정보를 묻는 것이 강사와 수강생 모두에게 좋다. 주관식으로 이 강의에 바라는 점이나 필요한 사항을 적으라는 항목은 많은 수강생이 잘 대답하지 않지만, 그래도 꼭 넣어야 한다. 수강생 중 두세 명만 적을지언정, 그 항목에는 꼭 하고 싶은 말이 있는 사람들이 내용을 적기 때문이다.

사전 설문조사를 하면, 강사는 수강생에 대한 정보를 미리 알고 수강생의 수준과 특정 질문에 맞춘 강좌를 준비할 수 있어 편하다. 또 심적으로도 수강생에 대한 정보를 이미 접한 상태라서 더 안정된 마음으로 강단에 설 수 있다.

수강생 역시 강사에게 자신의 질문이나 관심 사항, 선행 지식에 대한 수준을 미리 전달할 수 있기 때문에 강의에 신뢰를 더 품고 강좌에 참여할 수 있다. 본인이 선행 지식이 없어도 수강해도 되는지, 실습이 있다면 어느 정도로 준비해야 하는지를 부담스러워하거나 걱정하는 수강생도 꽤 많기 때문이다. 이들은 이러한 사전 설문조사를 통해 강사와 미리 소통할 수 있어 자신이 이 강좌에 맞는지도 판단할 수 있고, 실제 강의에서는 더 많은 것을 배워 갈 수 있다.

2-27 사후 설문조사

사내 강의가 끝나면 이 강의를 조율했던 교육팀에서 수강생을 대상으로 강의에 대한 설문조사를 한다. 교육에 대한 전반적인 의견, 장단점을 온라인 또는 오프라인 설문지로 조사한다. 이 결과는 보통 한 달 내에 강사에게 전달된다. 강사는 반드시 이 사후 설문조사 결과를 꼼꼼히 읽어보고 받아들일 것과 불필요한 것을 체크해야 한다.

"강의가 정말 좋았습니다."
"재미있었습니다."
"유익했습니다."

이런 답변은 물론 좋은 의견이지만, 강사 입장에서 크게 기뻐할 필요는 없다. 일반적으로 강의에 크게 문제가 있지 않았다면 수강생이 기본적으로 보내주는 피드백이기 때문이다. 일희일비하지 말고 강사에게 도움이 될 만한 비판적인 피드백에 더 집중할 필요가 있다.

  "강의 중 수강생에게 질문을 너무 많이 했습니다."
  "강의 끝나고 시험을 안 보면 좋겠습니다."

  이런 답변들은 쓱 넘기고 크게 마음에 담아두지 않아도 된다. 만약 수강생 대부분이 이런 답변을 했다면 고민해볼 수 있지만, 일부 수강생이 이렇게 답했다면 크게 의미 있는 말을 한 것은 아니다. 나는 좀 쉬고 싶고 편하게 있다 가고 싶은데 자꾸 강사가 수강생을 강의에 참여시켜 힘들었다는 투정 정도로 보면 된다.

  "교재에 예제가 더 많았으면 좋겠습니다."
  "실습 때 강사님이 한 명 한 명 봐주셨지만, 수강생 수가 많아서 대기 시간이 길었습니다. 실습 때 보조 강사님이 더 있으면 좋겠습니다."
  "제 수준에서는 실습이 너무 깁니다. 이론 설명이 더 탄탄했으면 좋겠습니다."
  "강의 시간이 너무 짧아서 깊이 있는 내용 설명이 부족했습니다."
  "교재가 어려워서 초보자는 따라가기 버거웠습니다."
  "3장 마지막 부분은 잘못된 의견이라고 생각합니다."

이런 식의 구체적인 피드백은 반드시 눈여겨봐야 한다. 다음 차수 강의에서는 똑같은 불만 사항이 나오지 않도록 반드시 교재와 강의에 반영을 해두어야만 프로 강사다. 특정 피드백이 나온 것을 교육팀도 알고 있고 이전 차수 수강생도 알고 있는데, 전혀 바뀐 점 없이 그대로 다음 강의에 임하는 강사를 프로라고 할 수는 없다. 물론 강의 피드백 중에는 강사가 꼭 수용할 필요가 없는 수강생의 개인적 의견도 섞여 있다. 다른 수강생의 의견, 교육팀의 의견을 모두 고려하고 취사선택하여 의미 있는 내용들만 교안에 잘 반영해야 하겠다.

사후 설문조사는 앞서 설명한 교육팀이 공식적으로 하는 것 외에 강사가 자체적으로 실시할 수도 있다. 나의 경우는 강의 시간에 열심히 참여한 수강생을 기억했다가 메일을 보내서 사후 설문조사를 했다. 강의의 장단점을 물어보고, 다음 차수에 이러이러한 예제를 사용해서 시험을 보면 어떻겠냐고 물어보기도 했다. 이처럼 강사가 자체적으로 설문조사를 하면, 수강생은 훨씬 더 정성스럽게, 솔직하게 피드백을 주기 때문에 무척 도움이 많이 된다. 또 수강생과도 돈독한 사이가 되어, 앞으로 계획하고 있는 강의에 대해 계속 아이디어를 주고받을 수도 있다. 이 방법은 특히 사내 강의의 경우 더 빛을 발하게 된다. 서로 다른 부서에 있는 수강생들이 다양한 의견을 실무 차원에서 (강사에게 직접 솔직하게) 줄 수 있기 때문이다.

2-28 중간 요약

    교안의 내용이 길고 여러 챕터로 되어 있다면, 특정 주제나 챕터별로 요약 페이지가 필요하다. 또는 강사가 한 시간 동안 배운 것들을 요약해서 만든 페이지를 보여준 다음 쉬는 시간을 갖는 방법도 있다.

    모든 학습의 기본은 반복이다. 중간에 지금까지 배운 내용을 수강생과 함께 점검하고, 질문 사항은 없는지, 더 궁금한 점은 없는지, 다음 진도로 나가기 전에 확실히 해둘 것은 없는지, 남은 강의도 이런 방식으로 진행하면 문제가 없겠는지 확인하는 것은 그 강의의 질을 높여준다. 다음 챕터로 가기 전에 지금까지 수강한 것을 소화하고 내 안으로 흡수할 여유 시간을 수강생에게 주기 때문이다. 또 중간 요약을 통해 이 앞 시간에 했던 내용 중 빠뜨린 것이 있는지, 설명을 더 해야 하는데 지나친 것이 있는지를 확인할 수 있어서 강사에게도 중요하다.

    내 경우 강의가 끝나고 시험을 볼 때 이 방법을 잘 활용했다.

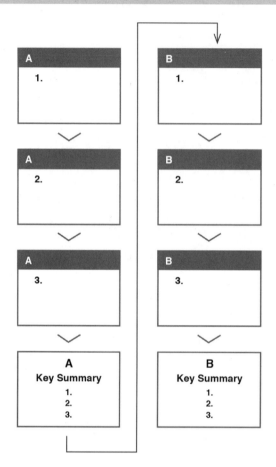

수강생은 시험에 어떤 문제가 나오는지 불안해하거나 궁금해한

다. 중간 요약을 하면서 수강생 중 몇 명을 지목해 질문을 던지고

답을 하게 해봤다. 물론, 이 중간 요약 때 강사가 말한 것이 당연

히 중요하며, 시험은 이 부분에서 나온다고 언급했다. 이런 방법

은 일석이조의 효과가 있다.

첫째, 수강생이 중간 요약 시간에 더 집중함으로써 강의 내용을 잘 습득하게 된다. 둘째, 중간 요약 때 시험 문제를 어느 정도 예상할 수 있으므로 수강생은 불안함이나 스트레스가 많이 줄어 강의를 안정적인 마음으로 듣게 된다. 적당한 긴장감은 좋은 것이지만 심리적으로 너무 압박을 받은 상태에서 강의를 들으면 강의 본연의 내용보다 '시험' 자체에 집중하게 되는 안 좋은 경우가 있는 것이다.

2-29 슬라이드를 사진 찍어 가는 수강생

요즘 수강생들은 강의를 들을 때 메모를 어떻게 할까?

인쇄된 종이 교안에 메모를 할까? 노트북에서 파일을 열고 직접 타이핑할까? 요즘 가장 많은, 핫한 케이스는 바로 PT 화면을 직접 카메라로 찍는 것이다. 제일 빠르고, 정확하고, 간편하게 강의 내용을 메모할 수 있는 방법이다. 특히 수강생들에게 배부된 교안과 발표용 파일이 다른 경우, 수강생들이 발표용 파일 내용을 메모하기 위해 많이 사용한다.

직장인 중에 자신이 대표로 강의에 참석한 뒤 동료들에게 전달 교육을 해주기로 했거나, 상사에게 보고를 해야 하는 임무를 띠고 온 수강생은 사진을 꼭 찍어 간다. 이런 이유 외에도, 메모할 종이나 펜, 노트북 등 도구가 없이 강의에 참석한 많은 수강생이 사진을 찍어 가곤 한다.

교안이 제대로 잘 만들어졌는지 판단하려면, 요즘에는 하나 더 고려할 것이 있다. 바로, 카메라에 찍힌 교안이 이해하기 쉬운지,

무슨 말인지 알아보기 쉬운지 여부이다.

멀리 뒷줄에 앉은 수강생이 카메라로 교안을 찍었을 때, 이 교안을 알아볼 수 있는지, 교안에 강의 멘트 하나하나가 모두 빠지지 않고 그대로 적혀 있어 작은 글씨로 가득 차 있는 것은 아닌지, 사진만 봐도 나중에 이해할 수 있고 기억하기 쉬운 키워드나 도표로 잘 정리되어 있는지, 내가 수강생이라면 이 교안을 카메라로 찍고 나서 나중에 꺼내어 볼지 등등 수강생의 입장이 되어 다시 한 번 교안을 살펴보자.

2-30 교안에 어울리는 색상 찾기

교안에 사용하는 여러 시각 요소들의 색상도 중요하다. 교안 전체에 쓴 마스터 슬라이드 색상도, 아키텍처 그림에 쓴 색상도, 프로 강사라면 신경 써야 한다. 세련되고 잘 다듬어진 포맷은 콘텐츠의 가독성을 높이고, 중요한 부분을 강조하고, 강사의 정성을 어필한다.

내 경우는 특정 그림이나 프로세스, 화살표, 도표, 플로 차트, 블록 다이어그램을 작성할 때 서로 어울리는 색상 조합, RGB값을 추천해주는 웹사이트와 책을 이용했다.

포털 사이트에서 '컬러 하모니', '색상 추천 사이트', '컬러 배합 사이트'로 검색하면 다양한 웹사이트와 책이 나온다. 꼭 디자인을 전공하지 않은 사람이라도 어떤 색끼리 어울리는지, 어떤 색끼리 안 어울리는지, 어떤 색끼리 조합되면 어떤 분위기를 내는지 쉽게 이해할 수 있도록 알려준다. 핑크색과 회색이 잘 어울린다는 것은 일반적으로 알려진 사실이지만, 톤 다운된 핑크라면 어떤 회색이 어울리고 진한 핑크라면 어떤 회색이 어울리는지, 그리고 바탕색에 따라 어떻게 다른 효과를 줘야 어울리는지 등은 우리가 잘 모르는 것들이다. 이런 정보는 웹사이트와 책을 통해 상세하게 알 수 있다.

항상 그런 것은 아니지만 일반적으로 '직무 강의', '방법론 강의', '이론 강의'라면 점잖은 모노톤 계열을 많이 쓴다. 색상도 최대 3개 이내에서 사용한다. '마케팅 강의', 'Team Building 강의', '실습 위주 강의'라면 강렬한 원색 계열, 보색 대비가 있는 색상 계열로 발랄한 톤을 강조한다. 수강생 조건도 영향을 미친다. 수강생이 '신입 사원', '학생', '친근한 우리 팀 멤버들'일 경우에는 주제와 무관하게 통통 튀는 색상을 고를 수 있다. 수강생이 '임원', '팀장', '다양한 유관 부서 멤버들', '불특정 다수의 일반인'이라면 모두에게 거부감이 없는 흑백 계열의 색상이 안전하겠다.

첫 번째 블록과 두 번째 블록, 그리고 그 블록을 감싸는 선, 옆에 쓰인 화살표, 블록 안에 들어간 텍스트, 이들에게 서로 어울리는 색을 입혀서 세련되게 조합하면 멋진 교안을 만들 수 있다. 시각적인 면에서 정성이 들어간 교안은 강렬한 인상을 주며, 수강생을 주목시킬 수 있다. 가독성이 좋아 내용도 잘 전달되는 것은 두말할 필요도 없다.

특히 강의를 의뢰한 곳, 특정 부서의 홈페이지, 사보, 웹진을 살펴봐야 한다. 여기서 주로 쓰는 대표 색상이 있는지 확인한 뒤 교안의 전체적인 색상에 참고하는 것도 센스 있는 강사라면 놓치지 않는 일이다.

자료를 시각화할 때는 사람들의 습관을 이용해야 한다. 보통 안 좋은 결과, 주목해야 할 현상, 문제가 있는 현상에는 빨간색을 쓰는 편이다. 많은 사람이 좋은 결과, 원래 의도한 흐름대로 흘러가는 현상, 기본적인 예측치가 나오는 결과에는 초록색을 사용한다. 교안에서도 안 좋은 예, 좋은 예, 예외적인 케이스, 일반적인 케이스를 시각화하여 그림이나 그래프로 그릴 때는 이와 같은 관습을 무시하지 않고 따르는 것이 좋다.

2-31 교안에 감성이 꼭 들어가야 할까

감성에 어필하는 슬라이드 교안은 강의 시작과 마무리 시점에 유용하다. 강의의 주요 내용을 적은 일반 슬라이드와 함께 강의 전체를 아우르는 그림, 사진, 영화 캡처 화면에 오늘 강의의 주제, 슬로건, 가장 주요한 점을 겹쳐 보여주는 것은 좋은 시도이다.

단, 해당 비주얼은 이 강의와 연관이 있는 것으로 해야 한다. 그저 예쁘거나 화려하고 웃기기만 한 비주얼은 강의 효과를 반감시킨다. 강사가 말하려는 내용이 대사에 그대로 녹아 있는 영화 장면을 사용하거나, 특정 책의 일부 내용을 인용해서 스토리텔링을 하는 것도 좋다. 아울러 모든 것은 그 자료를 고스란히 차용하기보다 현재 상황과 수강생에게 맞게 편집하면 가독성이 더 좋아진다.

상황에 따라 강의 시작과 마무리에 음악을 효율적으로 사용하여 잔잔하고 은은한 분위기를 만드는 것도 효과적이다. 강의 시작 전 대기 시간이나 강의 종료 후 얼마 동안 조용한 음악을 틀어

놓으면 기대감을 주는 분위기, 차분한 분위기, 마무리하는 분위기를 조성할 수 있다. 음악을 틀지 여부는 강의 시간과 장소에 따라 강사가 판단하여 결정한다.

수강생 분위기가 전체적으로 조용한 것을 선호하는 경우라면 음악을 틀지 않거나 클래식 계열로 작게 트는 것이 좋다. 수강생 분위기가 쉬는 시간에 질문을 많이 하는 경우라면 음악을 틀지 않는 것이 좋다. 수강생 분위기가 너무 발랄하거나 들떠 있는 경우라면 오히려 분위기를 차분히 만들기 위해 음악을 틀지 않거나 조용한 음악을 고르는 것이 좋다. 점심시간 이후 수강생들이 졸려 한다면 발랄한 댄스곡을 잠깐 틀어주는 것도 좋다. 이처럼 음악을 트는 데는 정답이 없다. 상황, 시간, 수강생에 따라 음악이 있는 게 나을 때도, 오히려 없는 게 나을 때도 있다. 같은 강의 주제로 두 차수가 있었을 때, 1차수 분위기에서는 댄스곡이 어울렸을 수 있고 2차수에서는 클래식이 맞았을 수도 있는 것이다.

어떤 강사는 자신이 강의했던 '아이디어 내기, 브레인 스토밍(Brain Storming) 기법' 강의에서 쉬는 시간마다 신나는 음악을 틀어주었는데 수강생 반응이 참 좋았다고 한다. 그래서 다음 차수 강의에서도 신나고 밝은 음악을 틀었는데 그 차수에서는 반응이 신통치 않았다고 한다. 이처럼 강의 주제가 같아도 수강생 성향이 다를 수 있는 것이다. 모든 강의에 100% 들어맞는 기법은 없다. 어떤 강의에서 잘 맞았던 기법이 다른 강의에서는 (여러 변수

들로 인해) 안 맞을 수도 있다는 것을 기억하자.

요즘은 '스토리텔링' 시대이고 이성보다는 '감성'으로 어필하라는 말이 많이 들려온다. 강의나 프레젠테이션을 마무리할 때는 감동 코드를 넣어야 하고, 한 편의 영화처럼 기승전결이 있는 스토리를 전하라고들 한다.

하지만 나는 이 의견에는 반대한다. 내가 이 책 도입부에서 강조하고 또 강조했듯이, 가장 중요한 것은 '콘텐츠'다. 이것을 전달하는 도구로써 '감성'이나 '스토리텔링'을 사용할 수는 있지만 주객이 전도되어 꼭 이들 기법을 넣어야 한다는 강박에 빠질 필요는 없다. 이들 기법이 맞는 강의, 강사가 있고 그렇지 않은 경우도 있다. 이들 기법을 활용할 수도 있고, 활용하지 않을 수도 있다. 즉, 필수가 아닌 것이다. 꽤 많은 사람들이 강의 도입부와 마무리에 넣을 '강력한 한 방'으로 감동적인 멘트나 스토리를 고민한다. '감성'과 '스토리텔링'이 과연 자신의 강의 주제에 꼭 맞는 것인지 생각해보고 어울리지 않는다면 과감히 빼도 무방하다.

강의에서는 웃기더라도 강의 주제와 관련된 것으로 웃겨야 하고, 감동을 주더라도 강의 주제와 관련된 것으로 감동을 주어야 한다. 주객을 전도해 '감성' 코드에 너무 집착하지는 말자. 제대로 된 강의라면 수강생은 이런 코드가 없어도 알아본다.

2-32 잡지는 한 군데도 버릴 것이 없다

　지금 우리는 교안 이야기를 하고 있다. 그런데 갑자기 잡지 이야기가 나와서 의아해하는 사람들도 있을 것이다. 여기서 말하는 잡지는 패션 잡지, 여행 잡지, 건강 잡지, 건축 잡지, 요리 잡지, 동물 잡지 등 장르를 가리지 않는다. 잡지는 (잠재적인 고객인) 불특정 다수의 일반인에게 특정 분야의 주제에 대해 호소하는 책이다. 잡지의 바로 이런 점이, 강사가 자기 특정 분야를 다수의 일반인에게 어필하는 교안을 쓸 때 참고할 만한 것이다.

　잡지를 보면 어떤 기사가 앞에 배치되고, 어떤 기사가 끝에 나오는지 감이 온다. 광고는 얼마나 자주 어떤 페이지에 들어가고, 어떤 기사는 어떤 제목을 가지며, 어떤 기사는 어떤 서브 제목을 달고 있는지 보인다. 목차 배치, 아이템 배치, 이달의 특이 사항, 지난달과 달라진 점 등이 눈에 들어온다. 잡지는 늘 트렌드의 최전선에 있다. 따라서 특정 분야에 대한 잡지는 그 분야의 최신 트렌드를 담고 있다. 자신이 관심 있는 분야의 잡지를 보면 내가 아는 것이 어느 정도인지, 내가 모르는 것이 이런 점이었는지, 이 내용은 이렇게 배열해야 세련된 것인지 등에 대한 감을 얻을 수 있다. 따라서 내가 강의나 프레젠테이션을 해야 할 분야가 있다면 의무감을 가지고 해당 분야의 잡지를 볼 것을 권한다.

특히 잡지는 트렌드에 민감하기 때문에 요즘 많이 쓰이는 단어, 눈길을 끌 수 있는 단어, 사람들이 관심을 가질 만한 단어를 제목으로 잘 사용한다. 내용도 내용이지만, 일단 사람들의 시선을 머물게 하기 위한 단어를 잘 골라서 쓴다. 내용이 좋건 나쁘건 일단 사람들의 눈에 들어와야 그다음으로 넘어갈 수 있다.

나는 틈날 때마다 잡지를 넘기면서 멋진 단어, 마음에 드는 단어, 특이한 제목, 매력적인 문장, 예쁜 폰트를 찾아본다. 솔직히 말하면 내용보다는 제목을 어떻게 지었는지, 여러 유의어 중에 왜 이 단어를 사용했는지, 어떤 단어를 앞에 썼는지, 어떻게 이미지와 단어를 배치했는지 등의 편집과 구성, 포맷에 집중한다. 그러다 좋은 표현이 눈에 띄면 사진을 찍어두거나, 그 페이지를 스크랩해 두거나, 수첩에 따로 메모한다. 이 자료들은 나에게 요긴하게 쓰인다. 당장 교안에 사용할 수 있는 단어도 있고, 바로 교안에 쓰지는 못해도 나중에 두고두고 이 자료들을 들쳐 보면서 고민되는 교안에 가장 적합한 단어를 찾아내기도 한다. 시간과 노력을 들여 이러한 자료들을 모아두면 교안을 작성할 때 반드시 긴요하게 쓸 때가 있을 것이다.

2-33 새로운 강의 아이템 찾기

강사가 지금 하고 있는 강의 말고도 다른 방향으로 고민해야 할 때가 있다. 업무 관련 주제일 때도 있고, 취미 주제일 때도 있고, 또는 정해진 것은 없지만 뭔가 특이한, 새로운 주제를 가지고 강의를 고민해야 할 때도 있다. 한마디로 새로운 강의 아이템에 대한 아이디어를 내야 할 때가 있다.

이런 고민은 강사 스스로 새로운 강의 아이템을 찾는 경우와 회사에서 다음 강의 아이템을 요구하는 경우 두 가지 모두 해당된다.

강사 스스로 새로운 강의 아이템을 찾는 경우는, 이전 주제에 대한 강의가 이미 많이 다뤄져서 수강생들의 니즈(Needs)가 더 이상 없는 경우나 혹은 새로운 트렌드나 기법에 대한 수강생들의 니즈가 생긴 경우이다.

회사에서 다음 강의 아이템을 요구할 때는 이미 주제가 정해져 있으니 새 아이템에 대한 아이디어 고민이 불필요하지 않느냐고?

당신이 잊지 못할 강의

천만의 말씀. "회사에서 A 강의를 요구하는군. A에 대해 공부해서 강의해야지" 하는 것은 초보 강사나 할 법한 생각이다. 잊지 말자. 다시 한 번 말하지만 우리는 지금 잊지 못할 강의를 만들고 있다. A 강의를 요청 받았다고 단순히 A 분야를 열심히 파고 또 파서 공부한 뒤 강의하는 것은 '잊지 못할 강의'까지는 되지 못한다. A 분야에 대한 충실한 공부는 기본 중의 기본이다. 회사가 요구한 A 주제를 더욱 효과적으로 전달할 수 있는 방법에 대한 고민, A 주제를 보다 정확히 이해시키기 위해 필요한 A'가 무엇인지에 대한 고민, A' 이외에 A''가 강의 주제에 더 밀접한 것은 아닌지에 대한 고민, 오히려 B를 설명해야 수강생들이 더 이해하기 쉬운 것은 아닌지에 대한 고민, A/A'/A''/B를 찾아냈다면 그것들을 전달할 때 각각의 깊이는 얼마나 되어야 하는지 그리고 시간 배분은 어떻게 해야 하는지에 대한 고민 등 끝이 없다.

이런 때는 뻔한 대답이지만, 왕도가 없다. 다양한 분야의 책, 영화, 드라마, 여행, 체험 코스 등을 모두 섭렵해본다. 이때 중요한 것은 그 주제를 지금 나의 관심사로 한정 짓지 말라는 것이다.

A에 대해 강의나 프레젠테이션을 해야 한다고 해서 A에 관한 책이나 신문만 볼 필요는 없다. 물론 그것이 최우선이겠지만, 범위와 시야를 넓게 가지고 A 이외에 H, I, J에 대한 자료를 접해보라는 뜻이다. 경험상 최상의 아이디어는 그 주제에만 집중할 때보다 (그 주제와 상관이 있건 없건 간에) 완전히 새롭고 재미있고 신

기하고 놀라운 것들을 접했을 때 불현듯이 떠오른다. 그리고 사실, 대부분의 다른 강사나 발표자들 역시 A가 주제라면 A와 연관된 자료들은 이미 섭렵했을 테니, 그들과 차별화된 아이템을 얻으려면 그 이외의 분야에서 이와 같은 참신하고도 (수고스러운) 상상하기(ideation)가 필요하다.

내가 '영문 기술 문서 작성법(English Technical Documentation)' 강의를 맡았을 때 찾아본 다른 분야는 아래와 같다. 소프트웨어 요구 사항 명세서, 설계서, 함수 명세서, 사용자 가이드와 같은 기술 문서 분야는 영문과 국문 모두 당연히 다 찾아보았다. 아래에서는 이 R&D 기술 분야 말고 더 찾아본 다른 분야만 나열한다.

영문 에세이 작성법, 영자 신문, 영문 회사 사보

강의 주제는 '기술' 문서이므로 'R&D' 분야가 대상이지만, 인문 분야, 공학 분야, 예술 분야를 통틀어서 문서를 찾아보았다. 그래야 R&D 기술 분야 영문 문서만의 다른 점, 이 분야에서 주의해야 할 점을 비교 분석해서 결과를 낼 수 있다. A 주제를 설명할 때 그와 정반대 지점에 있는 B를 언급하면 오히려 A가 선명해진다. 따라서 수강생들의 이해도도 높아진다.

국문 에세이 작성법, 국문 신문, 국문 회사 사보

강의 주제는 '영문'이었지만 '국문'의 경우도 책이나 웹사이트를 모두 뒤져보았다. 영문일 때는 국문과 어떻게 다른지, 무엇을 주의해야 하는지, 무엇을 강조해야 하는지 알 수 있다.

광고 회사 영문 카피

광고 회사의 문구는 인문 분야의 꽃이라 할 만큼, 가장 강렬하고 아름답고 집약적인 단어를 사용한다. 강의 주제는 '기술' 문서이므로 'R&D' 분야가 대상이지만, 역시 전혀 반대편 분야에 대한 분석이 있어야 '기술 영문 문서'의 특징을 도출할 수 있다.

툴의 메뉴 이름

우리가 무심코 사용하는 각종 툴의 메뉴 이름은 국문이건 영문이건 가장 핵심적으로 그것의 기능을 설명하고 있다. 특히 외국에서 만든 툴일 경우 영문 버전으로 보면 원어민들이 그 메뉴의 기능을 설명하기 위해 어떤 단어를 썼는지 살펴보는 재미가 있다. 메뉴나 버튼 이름은 공간이 제한적이기 때문에 이름을 길게 쓰지 않고 간략하게 표현해야 하는데, 이때 표현을 들여다보면 그 메뉴의 기능을 설명하기 위한 가장 핵심적인 단어, 일반적인 단어, 쉬운 단어가 무엇인지 자명해진다. 이런 점 때문에 그 툴의 기능이나 용도와는 무관하게 각종 툴들의 메뉴 이름을 국문과 영문 모두 살펴보곤 한다. 그리고 중요한 표현 방식, 많이 쓰이는 단어, R&D 분야 영문 문서에 의미 있는 것들을 분석해서 내 교안에 넣었다.

잘 작성된 기술 문서가 있어 도움을 받는 상황

실제 에피소드나 영화, 드라마, 사진, 책 등에서 이런 상황을 추려 준비해둔다. 수강생들의 실생활 혹은 실제 업무에서 잘 작성된 기술 문서가 있으면 무엇이 좋은지, 어떻게 쓰면 가장 효과가 극대화되는지 보여줄 수 있다. 강사가 백 번 말로만 강조하는 것보다, 한 번이라도 실제 적용 사례를 보여주면 수강생들은 훨씬 더 신뢰를 보내게 되어 있다.

사실 여기서 끝이 아니다. 나는 이것보다 더 많은 (어찌 보면 전혀 무관할 수 있는) 분야들을 체크했었다. 이런 식으로 A 주제 강의를 할 때 A 말고 H, I, J까지 섭렵하는 열정과 안목을 가져야 한다. 왜냐고? 우리는 잊지 못할 강의를 해야 하니까.

2-34 강의와 교안의 실시간 업데이트

강의 업데이트, 교안 업데이트는 어떻게 해야 할까? 주기와 방법은 여러 가지가 있다. 가장 필수적인 업데이트는 강의 직후 받게 되는 수강생의 피드백을 반영하는 것이다. 강의 후 공식 설문조사를 통해 접수된 피드백은 반드시 교안과 강의 스타일에 반영해서 다음 강의 때 사용해야 한다.

강의 중간 쉬는 시간에 수강생에게 의견을 물어볼 수도 있다. 강의 내용이 어려운지 쉬운지, 부족한 것이 예제인지 실습인지 이론 설명인지 수시로 물어볼 수 있다. 내용이 너무 어렵다고 하면 좀 더 천천히, 자세히 설명을 곁들여 진행하면 된다. 반면 내용이 너무 쉽다고 하면 개론 부분은 건너뛰고 어려운 부분부터 설명할 수도 있다. 예제가 부족하다고 하면 이론 설명을 줄이고 다른 예제를 보여주면 된다. 이론 설명이 미흡하다고 하면 반대로 이론 부분에 시간을 더 할애한다. 숙련된 강사는 다음 강의 시간이 아니라 바로 지금 강의에서부터 피드백을 반영하여 실행할 수 있고, 그것이 효과는 가장 좋다.

아직 초보 강사라면 수강생 피드백에 맞추어 실시간으로 강의 내용을 조정하거나 속도를 조절하기 어려울 것이다. 당장은 이렇게까지 할 수 없더라도, 강의를 하면 할수록 노하우가 쌓이기 때문에 차차 가능할 것이다. 사실 이 부분은 아주 초보 강사가 아닌 이상, 즉 몇 차례 강의를 해본 강사가 정성만 들이면 할 수 있는 일이라고 생각한다. 솔직히 자신에게 물어보자. 아직 내가 역량이 부족해서 이러한 실시간 피드백 수집이나 강의 내용 조정을 못하는 것인지, 아니면 이렇게까지 하기에는 힘이 들고 귀찮아서 안 하는 것인지.

강의 도중에 그 강의나 교안의 스타일을 조정하면 수강생의 만족도를 훨씬 높일 수 있다. 이 강의가 쉬워서 혹은, 대충 시간만 때우고 안 들으려 했던 수강생, 너무 어려워서 이해를 포기했던 수강생, 예제가 없어서 불만이었던 수강생, 이론 설명이 없어서 난감해했던 수강생처럼, 자칫 이 강의를 포기할 뻔한 수강생을 모두 만족시킬 수 있다.

앞에서도 이미 강조했지만, 수강생에게 적극적으로 질문을 하고 강의 진행에 대한 수강생의 만족도를 확인하는 것은 특히 '쉬는 시간'을 활용하면 좋다. 왜냐하면 많은 수강생들이 강의 도중에는 직접 자기 의견을 말하지 못하기 때문이다. 나만 모르는 것일까 봐, 나만 진도가 빠르다고 느끼는 것일까 봐, 나만 쉽다고 혹은 나만 어렵다고 느끼는 것일까 봐. 따라서 이런 분위기를 파악하려면 강사가 쉬는 시간에 수강생들 한 명 혹은 두 명씩과 따로 이야기하는 것이 매우 효과적이다.

쉬는 시간에 쉬지도 못하고 이런 것을 해야 하냐고? 해야 한다. 잊지 말자. 우리는 그냥 강의가 아니라 '잊지 못할 강의'를 만드는 중이라는 것을.

이렇게 끊임없이 소통하는 강의는 결론적으로 강사와 수강생 양쪽 모두를 만족시키는 강의가 될 수 있다. 그리고 무엇보다, 강사가 주어진 강의를 일방적으로 진행하는 것이 아니라 강의를 하는 동안 계속 '소통'하고 '노력'하고 있음을 수강생이 느낄 수 있다는 데 의미가 있다. 강사와 수강생 모두 서로를 '존중'하며 진행되는 강의는 결코 실패하지 않는다.

2-35 애니메이션 효과는 언제 사용할까

발표 슬라이드에서 특정 글자나 이미지에 애니메이션 효과를 줄 수 있다. 개체별로 날아오기 기법, 강조 기법, 색깔 입히기 방법 등이 있는데, 이런 효과는 중요한 부분을 확실히 강조할 수 있고 단조로운 강의에 활기를 준다는 장점이 있다. 또한 수강생의 눈길을 끌어 졸음을 예방할 수도 있다. 강사가 질문을 한 뒤 답에 날아오기 기법을 적용하여 시간 차를 두고 답을 노출시킬 수 있는 것이다.

강의 중간에 중요 챕터가 끝나서 중간 요약을 하거나 중간 퀴즈를 낼 때가 있다. 교안 슬라이드에는 질문 내용만 적어두고 강사가 수강생들에게 질문을 한다. 강사는 여러 수강생들을 지목해서 답할 수 있는지 물어보거나 시간을 줄 테니 답을 생각해보라고 할 것이다. 답을 공개할 타이밍이 되면 강사는 파워포인트의 '날아오기 기법'이나 '강조 기법', '색깔 입히기 기법'으로 답을 교안 슬라이드에 띄우면 된다. 교안 슬라이드가 처음부터 질문-답을 다 노출하고 있기보다는 이렇게 답을 처음에는 가려두고 나중에 보여주어야 수강생들이 질문에 대한 답을 생각할 시간적 여유가 있고 질문에 대한 집중도를 높여 긍정적인 긴장감과 학습 효과를 불러온다. 애니메이션 기법은 꼭 질문-답이 있는 상황뿐 아니라 교안 내용 중 중요한 부분을 강조하고 싶을 때도 활용할 수 있다. 파워포인트 이외에 다른 여러 슬라이드웨어에서 이런 애니메이션 기법을 다양하게 제공하고 있다.

하지만 애니메이션 효과의 단점도 있다. 강의 내용보다 애니메이션 효과 자체에만 수강생의 시선이 쏠릴 수 있는 부작용이 있는 것이다. 너무 화려한 효과를 쓰면 수강생들은 그 효과 자체에만 집중한다. 특히 작은 강의실에서 하는 소규모 강의일 경우, 애니메이션 효과는 수강생의 눈에 피로도를 높여 어지러움을 유발할 수 있으니 과도한 효과는 자제해야 한다.

2-36 교안에 알맞은 서식

서식이란 폰트의 타입, 크기, 색상, 정렬 방식 등을 통틀어 말하는 글의 스타일이다. 어떤 서식을 사용할지도 중요하지만 그보다 더, 그리고 가장 중요한 것은 서식의 '일관성'이다.

1 수준 제목에 굴림 35 포인트를 사용했다면, 저자의 심경 변화없이 모든 문서에 이를 일관성 있게 적용해야 한다. 2 수준 제목에 돋움 25 포인트를 사용했다면, 이 역시 마찬가지다. 프레젠테이션의 교안, 교재, 자료는 멋을 부리거나 문학성, 예술성 있는 문장을 보여주는 것이 아니다. 신속 정확한 정보 전달이 목적이다.

일관성 있는 자료가 주어질수록 수강생은 첫째, 내용을 이해하기 훨씬 좋아질 것이며, 둘째, 강사에 대한 신뢰가 늘 것이다.

중요한 포인트에 강조를 하고 싶다면 볼드체를 사용하거나 폰트를 크게 하거나 폰트 타입을 다른 것으로 사용하는 방법 등이 있다. 가장 좋은 방법은 이 중 한 가지 효과만 쓰는 것이고, 가장 안 좋은 방법은 이 모든 효과를 다 사용하는 것이다. 지나친 효과는 시선을 분산시키고 세련되지 못한 문서라는 인상을 준다. 흑백으로 프린트할 경우를 대비해 색상을 다르게 하는 것은 별로 권장하지 않는다.

한 페이지에 너무 많은 서식을 사용하는 것도 세련된 교안을 만드는 데 추천할 방식은 아니다. 강사 개인의 취향이 있더라도 정해진 특정 폰트, 크기 이외에 요란한 타입 효과를 주는 것은 자제하자.

좋은 예

강조할 때 쓰는 **포인트**는 심플하게 서식 하나만 추가한다.

나쁜 예

강조할 때 쓰는 **_포인트_**는 심플하게 서식 하나만 추가한다. (볼드체 설정, 밑줄 설정, 기울임 설정, 다른 폰트 설정, 다른 크기를 설정함으로써 오히려 너무 과한 느낌을 준다).

2-37 교안에 알맞은 톤

교안 및 발표 슬라이드에 사용하는 문장들은 전체적인 강의의 성격과 맞아야 한다.

강의의 주제가 기술 내용일 경우 직관적이고 정확한 표현이 좋다. 오해, 추측, 열린 해석의 여지를 주지 않는 정확한 표현이 최고라고 할 수 있다. 교안 및 발표 슬라이드를 아우르는 전체적인 톤을 직관적이고 정확한 표현으로 정했다면, 중간에 바꾸지 말고 계속 유지하는 것이 중요하다. '~습니다', '~예요', '~임' 이런 표현 중 한 가지를 선택한 뒤 통일해서 써야 프로다운 강의 자료이다.

물론 일괄적으로 말할 수는 없지만, 보통 교안과 발표 슬라이드는 키워드 위주의 단어나 '~임', '~하기' 식으로 간단 명료하게 써주는 것이 좋다. 주어와 서술어를 모두 갖춘 문장으로 표현하면 자칫 장황해질 수 있기 때문이다.

A

- New features of OOO App
- OOO App 신규 기능

B

- Catching up on the latest OOO App News
- OOO App 새 기능 따라잡기

A는 명사형이고 심플하고 건조하다. B는 동명사형이고 친근하고 구어체 스타일이다. 교안 및 발표 슬라이드에 쓴 제목과 문장이 모두 A 톤이라면 새로 쓰는 제목, 문장 역시 A 톤으로 맞추어야 맞다. 교안 및 발표 슬라이드의 제목, 문장이 다 A 톤인데 특별한 이유 없이 특정 제목, 문장만 B 톤이라면 일관성도 없고 수강생에게 신뢰를 주지 못한다.

2-38 교안 스타일은 어떻게 정할까

교안의 폰트와 색상은 어떻게 정할까? 강사 개인의 취향일까? 일관성만 있다면 어떤 것을 사용해도 무방할까? 청중의 나이대나 취향을 고려해야 할까? 시대의 트렌드를 맞추면 될까?

교안 스타일은 다음 두 가지를 반드시 지켜야 한다.

특정 회사의 사내 강의라면

해당 회사에서 사용하는 공식적인 폰트, 로고 이미지, 색상을 사용한다. 똑같은 것을 쓸 수 없다면 최소한 톤을 맞추어야 한다. 회사의 BI, CI와 완전히 어긋나는 색상이나 로고를 교안에 쓰는 것은, 강의 내용과는 무관하게 해당 회사 사내 강의에서 어색한 분위기를 자아낼 수 있다. 또한 강사가 청중이나 해당 회사를 배려하거나 정성을 쏟고 있다는 인상을 주지 못하기 때문에 강사에 대한 신뢰감을 반감시킨다.

매칭

교안에 쓰인 폰트나 색상이 우아한 톤이라면 강의 내용도 전반적으로 우아해야 한다. 교안에 쓰인 폰트나 색상이 발랄한 톤이라면 강의 내용도 전반적으로 발랄해야 한다. 즉, 강의 전반적인 주제와 성격에 따라 교안에 쓰인 폰트나 색상도 맞춰야 한다는 뜻이다.

아기자기하고 재미있고 톡톡 튀는 폰트를 선호하더라도, 강의 내용이 점잖고 조용한 주제라면 그런 폰트를 교안에 써서는 안 된다. 심플한 블랙과 화이트를 좋아하더라도, 강의 내용이 밝고 재미있는 주제라면 이 색상은 교안과 잘 맞지 않을 것이다.

누가 이런 것까지 생각하면서 강의를 듣겠냐고? 수강생은 한순간, 한 찰나에는 이런 것을 느끼지 못할 수도 있다. 하지만 의식 중에 또는 무의식 중에 교안과 강의를 보며 어떤 감정의 총합을 만들 수도 있다. 즉, 순간의 감정, 세세한 디테일이 모여서 "이 강의는 이러이러하다"는 결론을 내게 되는 것이므로 소소한 부분도 간과할 수 없다.

그리고 아무도 못 느낀다고 해도 또 어떤가. 우리는 '잊지 못할 강의'를 하려고 이 책을 보는 것이 아닌가. 나에게 떳떳한 최고의 품격 있는 강의를 준비하는 사람이라면 이런 세세한 것을 놓쳐서는 안 된다.

2-39 슬라이드별 페이지 번호

발표 슬라이드 하단에는 페이지 번호가 반드시 필요하다. 단순히 현재 몇 페이지인지 적는 것이 아니라 총 몇 페이지 중 현재 어느 페이지를 진행하고 있는지 표시해야 한다. '총 200페이지 중 현재 32페이지'라는 식으로, 즉 '32/200'으로 기재해야 의미가 있다. 전체 강의 시간이 8시간인데, 현재 어디까지 했고, 얼마나 남았는지, 강사와 수강생 모두 시간 체크를 할 수 있어야 한다. 그래야 강사는 진도 속도에 안심할 수 있게 되고 질문 받을 시간, 실습을 하기 위해 준비할 시간 등을 상황에 맞게 연장하거나 축소하여 조율할 수 있다. 수강생은 진도 상황을 보고 질문할 타이밍, 화장실에 갈 타이밍, 원하는 챕터의 강의가 시작될 시점 등을 예측할 수 있다. 슬라이드별 페이지 번호 하나만으로도 강사와 수강생 양쪽 모두 훨씬 안정적으로 강의 내용에 집중할 수 있는 것이다.

2-40 강의 계획서

   강의를 하기 전에 강의 계획서를 미리 작성해서 배포해야 할 경우도 있다. 이때는 시작 시간, 종료 시간, 중간 쉬는 시간은 물론이고, 각 시간별로 진행하는 내용을 자세히 적어주는 것이 좋다. 가능하다면 1시간 단위로 적어야 수강생에게 이 강의에 대한 정보를 자세히 제공할 수 있다. 1시간 단위로 내용을 적으면 강사 자신도 정리가 되고, 수강생 역시 각 시간별로 배워야 할 내용을 미리 인지하게 되므로 질문 준비도 할 수 있고, 본인이 꼭 들어야 할 챕터 시간을 놓치지 않게 된다.

   본 강의가 초보자를 위한 강의인지, 중급자를 위한 강의인지, 선(先)수강 과정이 있는지, 특정 분야에 대한 업무 경력이 있어야 이해하기 쉬운지 등도 최대한 자세히 설명해줘야 한다.

   실습이 있는 강의일 경우에는 노트북이 필요한지, 네트워크 연결이 필요한지, 미리 설치해야 할 프로그램이 무엇인지, 가져와야 할 준비물이 무엇인지, 만약 노트북을 지참하지 않았어도 참여할 수 있는지(다른 방법이 있는지)에 대한 정보 등을 자세히 제공해야 한다.

이때 가장 좋은 방법은 강사 자신이 수강생이 되었다고 생각하고 적는 것이다. 내가 수강생이라면 가장 궁금하고 답답했을 것들을 자세히 적어주면 좋다.

강의 계획서 마지막에는 학습목표 달성에 따른 우수 적용사례를 넣어주는 것도 좋다. 이런 과정이 끝나고 모든 지식을 습득하면, 이러이러하게 적용 가능하며 어떤 점에서 수강생이 활용하기 좋다는 등의 실제 적용사례를 말해주는 것이다. 이런 부분이 있다면 수강생이 이 강의를 들어야 할 이유가 충분히 납득될 것이며, 더 적극적으로 강의에 참여할 수 있다. '2-1 수강생은 어디에 관심이 있을까'에서도 이와 관련된 내용을 다루고 있다.

3

압도적인 애티튜드

원하는 답을 얻으려면 상대방이 원하는 답을 먼저 줘라.
내가 수강생으로부터 존중 받고 싶다면, 수강생을 먼저 존중해주면 된다.

3-1 강의의 서론, 본론, 결론 구상하기

강의에는 기승전결이 있다. 강의 시작과 동시에 본론부터 바로 시작하는 강의도 문제가 있고, 강의 본론을 마침과 동시에 바로 끝내는 강의도 문제가 있다. 물론 강의의 핵심은 본론에 있다. 하지만 그 본론을 수강생에게 가장 효과적이고 정확하게 전달하려면 기승전결이 있어야 한다.

강의 전체를 서론, 본론, 결론으로 크게 나누어본다면 대략 다음과 같은 구성이 필요하다. 다음 구성은 강사의 특성, 강좌의 특징, 장소의 특이성, 시간적 제약, 수강생 특이 사항 등에 따라 얼마든지 바뀔 수 있다. 하지만 일반적인 경우라면 다음과 같은 구성이 필요하다.

서론(도입 단계)

강사와 수강생 간에 공감대가 필요하다. 강의 계획서를 읽어보고 본인에게 필요한 강의라고 판단하여 강의실에 들어온 수강생이라 할지라도 강사와의 교감, 커뮤니케이션이 필요하다.

서론에서는 강사 소개, 이번 교육을 하게 된 배경과 중요성, 강의 내용에 대한 대략적인 소개를 한다.

"재미있겠다."

"건질 내용이 있겠는데."

"대충 시간만 때우려고 했는데 들어봐도 괜찮겠다."

"나한테 필요한 내용이 들어 있구나."

강의에 대한 기대와 동기를 부여함으로써 수강생에게 이러한 생각이 들게끔 한다. 궁극적으로 수강생의 관심을 집중시키며 원활한 교육 분위기를 조성할 수 있다.

서론에서 가장 중요한 것은 "이 강의에서 다룰 내용, 즉 강의 목표"이다. 반드시 "이 과정은 ○○○을 가르칩니다. 수강생들이 ○○○을 할 수 있도록 가르치는 것이 목표입니다"라고 정확하게 말해줘야 한다. 강사가 말로 해줘도 좋지만 더 좋은 방법은 교안에 기재해두고 그 페이지를 보면서 알려주는 것이다. "8시간 동안 우리가 공부할 것은 ○○○이다." 수강생들에게 이를 주지시키는 것은 당연해 보이지만 의외로 많은 강사들이 빠뜨리는 부분이다. 수강생들은 이렇게 정확히 주지시켜주지 않으면 강의의 내용과 목표를 흐지부지 이해한 상태로, 혹은 각자의 생각대로 다르게 받아들인 채 교육에 임한다. 당신이 이 과정을 마침으로써 ○○○을 할 수 있게 해주는 것이 이 강의의 목표라는 것을 정확히 주지시켜야 하는 것이다.

강사는 수강생들에게 반드시 강의 내용과 목표를 말해줘야 하고, 강의 결론에서는 "오늘 이 내용을 다 공부했고 여러분이 이러이러한 내용을 습득했다"라고 한 번 더 요약 정리를 해줘야 한다. 예를 들어 서론에서 강의 내용과 목표를 세 가지로 잡았다면 그 세 가지를 똑같이 결론에서 한 번 더 언급하고 요약해준다. "우리는 오늘 1에 대해 배웠고 2에 대해 배웠고 3은 이렇게 하라고 가르쳐 드렸습니다." 이렇게 구성하면 서론과 결론이 딱 맞게 짝이 맞추어져서 수강생들이 내용을 정확히 이해하고 한 번 더 상기할 수 있다. 수강생들이 '내가 오늘 1, 2, 3을 배웠지. 1, 2, 3에 대한 지식을 얻어가는구나'라고 느끼게 해주어야 하는 것이다. 또한 서론과 결론이 일관성 있게 되어 있으면 강의가 무척 짜임새 있고 탄탄하게 이루어져 있음을 어필할 수 있다.

본론(전개 단계)

지금 이 책에서 말하고 있는 여러 강의 팁에 따라, 강의 본론을 전개한다. 강의 교안에 대한 것은 2장, 강의 기술에 대한 것은 3장을 참고하여 본론을 진행한다.

당신이 잊지 못할 강의

결론(결말 단계)

마지막에는 지금까지 배운 내용을 요약, 정리, 질문-답해보는 시간을 가져야 한다. 본론만 전달했다고 바로 끝내는 강의는 마무리 없이 허둥지둥 끝낸 느낌을 준다. 결론 파트가 있어야만, 수강생들도 자신이 배운 것이 무엇이었는지 다시 확인할 수 있다. 강사 역시 혹시 빠뜨린 것은 없는지, 어떤 것이 불충분했는지 파악할 수 있다. 그리고 반드시 전체 요약 및 마무리 멘트를 한 뒤에 강의를 마쳐야 한다. 전체를 요약할 때는 잊지 말고 내가 앞서 설명해주었던, 즉 서론에서 언급했던 강의 내용 및 목표와 짝을 맞춘 내용으로 정리해줘야 한다.

강의 시간을 배분할 때는 결말 단계에 적당한 시간을 할애해야 한다. 시간에 쫓겨 결론은 진행하지 못한 채 본론만 전달하고 끝내는 강의는 온전히 끝난 것이라고 할 수 없다.

3-2 중요한 내용을 강조하는 두 가지 방법

강의에서 중요한 것은 수강생이 얻을 것이 있는지 여부다. 이들이 강의를 듣고 난 뒤 당장 써먹을 수 있는 내용을 챙겨줘야 하고, 중요한 내용이나 핵심 포인트가 있다면 강조해줘야 한다. 강조 방법은 다음과 같다.

- 각 챕터마다 중요한 핵심 포인트를 맨 앞에서 말해준다.
- 반복해서 질문하고 반복해서 강조한다.

"가장 중요한 핵심 포인트는 맨 마지막에 알려줘서 마지막까지 집중하게 만들어야지."

"반전의 묘미를 살려서 맨 뒤에 답을 말해야지."

"추측과 상상의 여지를 줬다가 맨 마지막에 답을 알려주면 임팩트가 있을 거야."

이런 생각은 강의에서 유용하지 않다. 문학적 글쓰기, 인문학적 에세이의 문장 배치에서는 이런 방식이 유용할 수 있다. 하지만 대중을 상대로 하는 강의에서는 반드시 맨 처음에 가장 중요한 주제를 말해줘야 한다. 그런 대전제 아래 나머지 강의 내용이 진행되어야 논리적인 전개가 가능하다.

맨 앞에서 가장 중요한 주제를 말해주는 것 다음으로 중요한 것은 반복이다. 반복은 학습의 기본이다. 쉬운 주제든 어려운 주제든, 청중이 어린이든 어른이든, 남자든 여자든, 학습의 기본은 반복이다. 중요한 내용은 강사가 반복해서 질문하고 강조해야 청중이 잊지 않는다.

3-3 인사는 먼저 한다

먼저 인사하라.

왜 먼저 인사해야 할까?

먼저 인사하는 것은 그 대화를 장악한다는 의미이다.

A: "안녕하세요."

B: "안녕하세요."

A: "오늘 강의에서 이 책이 언급될 예정인데, 혹시 이 책 아세요?"

(자신이 원하는 화제로 대화 시작 가능)

대화의 주도권은 먼저 인사한 사람에게 있다. 강의나 프레젠테이션뿐만 아니라 모든 자리에서 인사를 먼저 하는 것은 그래서 중요하다.

강의를 시작하고 마칠 때는 반드시 공식적인 시작과 종료를 알리는 멘트와 함께 90도로 허리를 숙이는 정중한 인사가 필요하다. 상대가 아무리 어린 초등학생이라 할지라도 이는 변하지 않는다. 강의 종료 멘트와 인사도 없이 흐지부지 강의를 끝내는 것과 정확한 강의 종료 멘트와 더불어 인사를 하면서 강의를 마치는 것은 하늘과 땅 차이다. 당신이 하는 강의의 품격은 처음과 끝에서 결정된다. 임팩트를 남길 수 있는 강의 마지막 부분을 의미 없이 보내지 말자.

강의에서는 인사와 모든 진행 멘트를 존댓말로 하는 것을 추천한다. 아주 특별한 상황이 아닌 이상 처음 만난 자리에서는 서로 예의를 갖추는 것이 원칙이다. 강의를 할 때는 "~습니다"라고 존댓말을 쓰는 것이 가장 공식적이고 일반적이다. 간혹 강사보다 나이가 어린 학생들이 수강생일 경우가 있지만 그럴 때도 예외 없이 "~습니다"라고 존댓말을 쓸 것을 추천한다. 강사가 특정 학생 한 명과 일대일 과외를 하는 것이 아닌 이상 이것은 불특정 다수가 모인 공식 강의 자리이다. 강사와 수강생 모두 양쪽을 존중하는 예의를 갖추기 위해서 존댓말이 좋다. 내가 상대방을 존중하면 상대방도 나를 존중한다. 존댓말은 그것을 사용하는 것만으로도 강사와 수강생 사이에 적당한 긴장감을 주기 때문에 바람직한 거리감과 존중감을 유지할 수 있다.

3-4 대신 강의를 맡게 되었다면

"오늘 원래 발표는 저희 팀장님이 하셔야 하는데, 급한 일이 생기서서 제가 대신 나왔습니다."

"저는 어제 갑자기 발표를 맡게 되었습니다. 급히 발표를 맡게 되어 준비를 많이 못했는데 양해해 주십시오."

"저는 이 분야 전문가는 아니지만, 부장님이 급히 출장을 가시게 되어 대신 발표 자리에 섰습니다."

"원래 담당자는 아니지만, 제가 이 부분 발표까지 함께 하게 되었습니다."

회사 내부나 외부의 강의 자리에서 종종 들을 수 있는 말들이다. 강사들은 이런 멘트를 맨 앞에 한 뒤 강의를 시작하곤 한다.

본 강의에 앞서 이런 말을 하는 강사의 의도는 무엇일까? 여러 가지 이유와 상황이 있겠지만, 어쨌거나 "내가 못하더라도 잘 봐주십시오"라는 것이 핵심일 것이다. 심지어 겸손이 미덕인 한국 사회에서는 충분히 그 분야의 전문가인 사람도 본인을 낮추어, 자신은 전문가가 아니니 이해해달라는 멘트로 강의를 시작하기도 한다.

이런 멘트는 기본적으로 그 강의에 아무런 도움이 되지 않는다. 강사는 무의식적으로 스스로에 대한 자신감을 잃게 되고, 청중은 강사에 대한 신뢰감이 떨어지게 된다. 결국 강사나 청중 둘 다에게 아무 도움이 되지 않는 것이다.

기존의 강사가 바뀐 경우라면 다음처럼 하는 것이 가장 좋다.

사회자가 있다면 다음과 같이 한다.

사회자: "원래 발표자가 A였으나, 내부 사정 때문에 오늘 발표는 B가 하겠습니다. B의 경력은……"

B: 인사를 한 뒤 바로 강의를 시작한다.

왜 발표자가 바뀌었는지는 사회자가 간단하게 설명하고, B는 곧바로 강의를 시작하는 편이 훨씬 신뢰감이 든다.

사회자가 없다면 다음처럼 하는 게 좋다.

B: "원래 발표자가 A였으나, 내부 사정 때문에 오늘 발표는 제가 하겠습니다. 간단한 제 소개를 드리면……"

이와 같이 강사인 B는 인사를 한 뒤 강의를 시작한다.

이유야 어찌 되었건, 내가 이 강의를 맡게 되었고 내가 이 강의의 강사다. "못해도 내 책임이 아니니 이해해주세요"라는 한 발 물러서려는 핑곗거리를 만들지 말자. 내가 이 강의를 맡게 되었다면 그럴 만하니까 맡은 것이다. 자신감 있게, 침착하게 내가 맡은 강의에 임하면 된다.

당신이 잊지 못할 강의

3-5 강사 소개는 어떻게 할까

사내 강의의 경우 사회자나 교육팀의 담당자가 따로 있는 것이 일반적이다. 보통 이분들이 강사를 수강생에게 소개시켜준다. 강사는 이때 수강생에게 인사를 처음 하게 된다. 이후에 강사가 강의를 시작하면, 반드시 강사 스스로 인사를 한 번 더 하는 것이 좋다. 사회자나 교육팀의 담당자가 따로 없는 경우라면 강사가 강의 시작할 때 스스로 인사를 하며 강의를 시작하면 된다.

중요한 것은 꼭 강사 스스로 인사를 하는 코너가 있어야 한다는 점이다. 앞서 누군가가 나를 소개해주었건 소개해주지 않았건, 스스로 본인을 소개하고 상대와 눈을 맞추며 허리 숙여 인사하는 것은 가장 기본이다.

3-6 강의는 정장이다

옷, 태도, 말투는 모두 상대에 대한 예의를 나타낸다. 특히 그 중에서도 때와 장소에 맞춘 옷차림은 다음과 같은 뜻이 있다.

"난 이 자리가 중요해요."
"난 당신을 존중해요."
"난 당신에게 집중하고 있어요."
"난 당신에게 성의를 표시하고 있어요."

단체복이나 티셔츠+청바지처럼 특별히 드레스 코드가 정해진 프레젠테이션이나 세미나라면 예외적인 상황이다. 하지만 그런 케이스가 아니라면 정장을 입고 강단에 서는 것이 가장 좋다.

강사 입장에서는 정장을 입으면 몸도 마음도 적당히 긴장할 수 있다. 수강생들은 정장을 착용한 강사를 보면서 이 자리에서 자신이 존중 받고 있음을, 이 자리가 중요한 자리임을 느껴 강의에

한결 더 집중하게 된다.

나는 사내 강의이건 사외 강의이건 모두 정장을 착용한다. 상의는 옷깃이 있는 블라우스나 셔츠를 입고 하의는 스커트 혹은 바지 정장에 구두를 신는다. R&D 계열의 경우 비교적 다른 업계보다 옷을 자유롭게 입는 편이다. 하지만 R&D 계열의 강의라고 해서 강사가 청바지를 입고 운동화를 신는 것은 아니라고 본다. 특정 개발자 콘퍼런스나 신제품 발표회 같은 경우에는 치밀하게 계산해서 청바지와 운동화를 착용하고 발표하는 프레젠터도 물론 있다. 하지만 이 경우는 철저하게 계산된 메시지, 특별히 이 현장에서 조성해야 하는 분위기가 있기 때문에 갖춘 준비된 복장이다. 드레스 코드가 정해진 것이 아니라면 기본적으로 '강의' 자리에서 강사는 정장을 입는 것이 가장 좋다.

남성의 경우 넥타이까지 맨 정장이 제일 공식적이다. 하지만 상황에 따라 셔츠에 정장 바지 혹은 면바지 정도로 할 수도 있겠다. 이때도 옷깃이 있는 상의를 추천하며 운동화는 지양한다. 강의의 주제, 상황, 시간, 장소, 수강생에 따라 가장 맞는 옷은 바뀔 수 있겠지만, 일반적인 상황에서 드레스 코드가 딱히 정해지지 않았다면 정장이 제일 적합하다는 것이 내 생각이다.

3-7 교탁 뒤에서 나와라

강사가 가장 피해야 할 위치는 교탁 뒤다. 교탁 뒤에 몸을 숨기지 마라. 교탁에서 빠져나와 당신의 전신이 다 보이게 서라. 전신을 드러내야 수강생과 잘 교감할 수 있고 성공적인 강의가 이루어진다.

강사는 기본적으로 연단 위에서 중앙 자리를 유지하되, 적절히 좌우를 아울러야 한다. 특정한 위치 한군데에서만 고정적으로 말하는 것은 좋지 않다. 강사가 한동안 오른쪽에 서서 말했다면 이제는 의식적으로 왼쪽으로 움직여서 균형을 맞추는 것이 좋다. 너무 자주 움직이지는 말고 15분 정도 간격을 주며 자연스럽게 움직이도록 한다. 멘트가 길어진다면 상황에 따라 수강생이 있는 자리 사이사이를 돌아다니는 것도 좋다. 하지만 기본적으로 모든 수강생이 강사의 시야에 들어오는 것이 좋으므로(반대로, 모든 수강생 역시 강사가 시야에 들어오는 것이 좋으므로) 모든 수강생이 보이는 맨 앞에서만 좌우로 움직이는 것을 권한다.

특정 질문을 해서 특정 수강생에게 집중할 때, 그 수강생에게 조금 다가가는 듯한 동작을 취하며 몸을 살짝 움직여주는 것도 좋은 방법이다. 다른 수강생도 모두 집중할 수 있고 분위기를 환기시킬 수 있다. 하지만 무의미하게 아무 목적 없이 수강생이 앉은 자리 사이를 왔다 갔다 하는 것은 좋지 않다. 수강생이 집중을 못할 수 있다. 또 강사가 안정적이지 않고 안절부절못하는 모습으로 보일 수도 있다. 실습 지도 등의 특별한 목적이 아니라면 불필요한 움직임에 주의하자.

빔 프로젝터에서 빛이 나오고 있는 방향을 몸으로 가리지 말아야 한다. 강사는 빔 프로젝터 쪽으로 지나칠 때 신속히 움직여야 하고, 가능한 한 편안한 시야가 보장된 곳에서 말해야 한다. 그래야 강사와 수강생 모두에게 좋다.

시연이 있을 경우에는 강사가 교탁의 노트북 쪽으로 가서 직접 노트북을 조작할 수도 있다. 이때 강사는 그 자리에만 너무 오래 있지 말고 중간중간 다시 전신을 보이면서 수강생 시야에 주기적으로 등장하는 것이 좋다. 수강생은 강사가 눈에 보이지 않으면 집중하기가 어려울뿐더러, 자료가 있는 화면만 쳐다보면 금방 지루해지기 때문이다.

3-8 청중을 바라보라

강사는 청중을 바라보고 있어야 한다. 프레젠테이션 파일을 쳐다보며 말해서는 안 된다. 프레젠테이션 파일은 강의를 돕는 보조 도구로서, 굳이 볼 필요가 없어야 한다. 프레젠테이션 파일을 보지 않고서도 강의 내용과 순서가 이미 머릿속에 들어 있어야 한다. 강의 스크립트를 다 외워서 로봇처럼 암기하듯 말하라는 뜻이 아니다. 강사는 강의의 내용을 충분히 숙지하고 전달과 설득에 집중하되, 모든 말과 질문은 청중을 바라보며 해야 한다. 프레젠테이션 파일에서 중요한 내용이거나 상세한 설명이 필요한 경우에만 파일 쪽을 바라보며 설명하면 된다. 이것은 강사의 기본 태도이다. 강의에서 가장 중요한 것은 청중, 수강생이다. 이들에게 몸도 마음도 관심도 집중해야 한다.

포인터로 슬라이드의 중요 부분을 포인팅할 때나 특정 챕터를 지칭할 때를 제외하면, 굳이 몸을 프레젠테이션 파일 쪽으로 향하게 할 필요가 없다. 그렇다면 다음 슬라이드로 페이지를 넘길

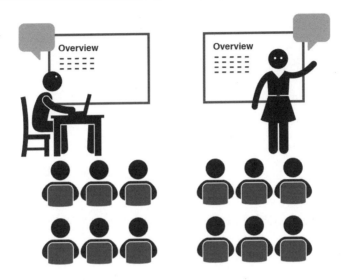

때는 어떻게 할까. 이때도 역시 청중을 바라보는 방향은 그대로 유지한 채 손에 쥔 포인터의 다음 버튼을 누르면 된다. 다음 슬라이드로 넘기기 위해 프레젠테이션 파일 쪽으로 몸을 돌려서 포인터를 눌러야만 포인터가 작동하는 것이 아니니까.

3-9 침묵이 주목 받는다

강의가 시작되었는데 수강생이 떠들고 있거나 자리에 앉지 않는다. 당신은 어떻게 할까? 자리에 앉으라고 크게 말할까?

내가 자주 사용하는 방법을 소개한다.

수강생 앞에 선 뒤 엷게 미소를 띠고 (화난 표정은 절대 안 된다) 아무 말도 없이 그저 수강생을 가만히 응시한다. 그렇게 7초 정도 있으면 수강생은 자동으로 조용해지며 자리에 앉는다. 수강생은 무슨 일인지, 강사가 무슨 말을 하려는 건지, 강의가 지금 시작되는 것인지, 혹시 뭐가 잘못되었는지 궁금해하며 본인 자리에 조용히 앉는다.

강의 중간에 중요한 이야기를 할 때도 침묵은 유용한 수단으로 쓰인다.

강사: "그러자 A 씨가 뭐라고 대답했을까요?"

수강생: ⋯⋯

강사: (바로 대답하지 않고 5초 동안 청중을 응시)

수강생: ……

강사: "B라고 말했습니다."

수강생: !

이처럼 중요한 코멘트를 하는 대목에서는, 약간의 침묵이 청중의 집중을 이끌어내면서 큰 힘을 발휘한다.

침묵은 앞에서 설명한 케이스 외에도 강의의 다양한 포인트에서 힘을 발휘한다.

한 챕터에 대한 설명을 마친 뒤 수강생을 바라보면서 침묵

• "다 이해했지요? 이 부분은 중요한 겁니다. 이제 다음 챕터로 넘어갑니다"라는 뉘앙스를 전달

• 강사가 이 챕터에 대한 수강생의 표정과 반응을 볼 수 있는 시간을 제공

• 수강생이 이 챕터에 대해 필기하고 정리할 수 있는 시간을 제공

질문에 대해 답변을 한 뒤 수강생을 바라보면서 침묵

• "질문에 대한 답이 되었나요? 추가 질문 있나요? 없으면 다음 내용으로 넘어갑니다"라는 뉘앙스를 전달

• 강사가 수강생의 반응을 볼 수 있는 시간을 제공. 수강생에

게 생각할 수 있는 시간을 제공

- 질문에 대한 답을 급히 끝내지 않도록 강사에게 여유를 제공
- 강사가 빨리 답변을 끝내고 넘어가려고 한다는 느낌을 방지
- 답변이 충분하지 않다고 생각할 경우 수강생들이 반론할 기회를 제공
- 다른 생각을 가진 수강생들이 토론을 할 수 있는 여지를 제공
- 용기가 없어서 질문을 못했던 다른 수강생도 질문을 더 할 수 있도록 기회를 제공

결론적으로 침묵은 강사와 수강생이 짬짬이 드러나지 않게 서로에 대한 피드백을 하고, 생각할 시간과 여유를 준다. 말없이.

3-10 수강생에게 질문하기

질문을 던지는 기법은 일방적인 성과 보고회나 제품 발표회의 프레젠테이션에는 적용되지 않는다. 이 내용은 '강의'의 경우에 적용되는 기법이다.

질문은 다음과 같은 효과가 있다.

• 방금 수업한 내용을 바로 물어봐서 수강생이 이해했는지 실시간으로 확인
• 중요한 점을 반복적으로 물어 머릿속에 인식시킴
• 수강생에게 긴장감을 제공

강의를 할 때, 수강생과 대화를 하면서 진행하는 것은 무척 중요하다. 수강생이 이해하고 있는지, 질문은 없는지, 이 부분이 이상하지 않은지 끊임없이 체크하면서 강의를 진행해야 일방적인 강의가 되지 않는다. 특히, 중요한 부분이라면 수강생이 기억을

하고 있는지 반복해서 몇 번을 계속 물어봐도 모자람이 없다. 수강생이 '저건 왜 자꾸 물어보지? 아까도 물어봤다고. 중요한 거라 계속 강조하는구나'라고 느낀다면 아주 정상적인 상황이다. 자주 반복해서 물어보자. 앞서도 강조했지만, 학습의 기본은 반복이다.

강사가 바로 대답하기보다는 어떤 토픽에 대한 질문을 던진 뒤 수강생이 답변을 해보도록 유도하는 것도 중요하다. 강사가 금세 답을 말해주면 수강생이 답을 빨리 알 수는 있겠지만, 질문을 던져 수강생이 직접 고민하게끔 만들면 수강생 입장에서는 본인의 머리로 답을 생각해낸 것이기 때문에 그 기억이 더 오래가므로 훌륭한 강의 기법이라고 할 수 있다. 또 자기가 호명되지 않을까 하는 긴장감도 살짝 주기 때문에 딴생각을 하지 않고 강의에 집중할 수 있도록 해주는 요소이기도 하다.

때로는 수강생이 강사에게 강의 도중 질문을 하기도 한다. 강사가 바로 대답해줄 수 있더라도, 다른 수강생에게 "어떻게 생각하세요?", "아는 사람 있나요?"라고 공을 던지는 것도 좋은 방법이다. 수강생이 직접 질문을 했다는 것은 그만큼 중요한 이슈라고도 할 수 있기 때문에 다른 이들의 의견을 들어보는 것도 좋고, 더 나아가서는 발전적인 토론을 이끌어낼 수도 있다.

질문을 던질 때 주관식으로 "○ ○ ○ 아는 분?" 하고 식상한 멘트를 던지기보다 다음과 같이 여러 가지로 응용해서 물어보자.

- 객관식으로 1번, 2번 보기를 주고 물어보기(좀 더 쉽게 다가갈 수 있어 수강생이 부담이 적음)
- O, X로 물어보기(역시, 수강생이 덜 부담스러워하고 재미있게 기억할 수 있음)
- 특정인이 아니라 특정 조를 상대로 물어보기(조별 승부욕도 자극되고 개인 부담이 적음)

3-11 수강생이 질문에 대답을 못한다면

질문에 대답을 못하는 수강생이 있으면 어떻게 해야 할까?

보통 성인 수강생은 답변을 못할 경우 "잘 모르겠습니다"라고 한다. 하지만 간혹 부끄러움이 많은 수강생은 아무 말도 못하고 당황하기도 한다. 이럴 때는 수강생이 부끄러워하지 않도록 자연스럽게 넘어가 주는 것이 중요하다. 수강생이 창피해하거나 당황해하지 않게 강사가 유도해야 한다.

강사는 웃는 얼굴로 (꼭 웃어야 한다) 특별히 이번 답은 강사가 직접 말해보겠다고 하든지, 기회는 많으니 다음에 다시 물어보겠다고 하든지, 이 답을 아는 사람이 옆 조에 있는 것 같다고 하든지 해서 사람들의 주의를 자연스럽게 다른 사람에게로 옮겨야 한다.

대답을 못한 수강생에게는 반드시 다음번에 질문을 (쉬운 질문을) 다시 한 번 해주어야 한다. 그 수강생이 다른 질문에는 대답할 수 있도록 해서 만회할 기회를 주자.

3-12 수강생의 욕망을 불러일으켜라

"내가 대답하고 싶다."

"내가 발표하고 싶다."

"내가 잘하고 싶다."

"내가 열심히 해서 칭찬받고 싶다."

"우리 조가 1등 했으면 좋겠다."

수강생의 욕망을 불러일으키는 것은 강사로서 할 수 있는 일 중 가장 중요하기도 하고 가장 어렵기도 한 부분이다. 수강생 스스로 잘하고 싶고, 열심히 하고 싶고, 많이 배우고 싶다고 생각하게 만드는 것이다. 이런 상황은 어떤 노하우에 의한 것이기보다, 이 책의 강의 팁을 활용하여 강의를 준비하고 진행한다면 자연스럽게 따라오는 것이다. 이런 상황이 되면 수강생도 스스로 재미있어 하고 강사도 신나서 서로 즐거운 수업이 된다.

각 조별로 경쟁 심리를 활용하여 1위, 2위, 3위 순위를 정한다든지, (강의와 관련 있는) 상품을 제시하든지 해서 흥미를 유도하는 방법도 활용한다. 1위를 한 조에게는 (강의와 관련 있는) 책을 주거나, 점수를 추가해주거나, 점심 식사를 가장 먼저 할 수 있게 해주는 것도 한 방법이다. 어려운 질문을 모아서 한 번에 하는 것이 아니라 쉽고 간단한 질문으로 자주 하는 것이 좋다. 기회가 있을 때마다 핵심 내용을 강조하는 것이 효과적이기 때문이다.

앞에서 제시한 것은 이런 분위기를 이끌어낼 수 있는 여러 기법 중 하나다. 사실, 잘되고 있는 강의라면 강사가 억지로(인위적으로) 이런 경쟁이나 보상을 제시하지 않아도 자연스럽게 이런 분위기가 만들어지게 되어 있다. 강의 중 수강생끼리 벌이는 경쟁을 통한 보상은 '3-34 시험에 대한 상품은 꼭 필요할까'에서 따로 다루니 이 부분을 참조하도록 하자.

3-13 수강생의 이름을 불러줘라

이름을 불러주는 것은 강사와 수강생 사이에 공고한 관계를 만들어준다. 이름은 어떻게 불러줄 때 가장 효과적일까.

A

Step 1. 수강생 명단을 본 뒤 "임선우 씨"라고 부른다.

Step 2. 임선우 씨가 손을 들며 "네"라고 한다.

Step 3. 강사는 주변을 살피고 손을 든 임선우 씨를 찾는다.

Step 4. 임선우 씨와 눈이 마주치면 질문한다.

B

(강사가 수강생 이름을 인지한 상태로) 임선우 씨를 바라보고 "임선우 씨"라고 부르며 질문한다.

A와 B의 상황은 하늘과 땅 차이다. A의 임선우 씨는 나와 익명

의 관계다. B의 임선우 씨는 나와 '아는 사이'다. '아는 사이'인 사람이 질문을 하면, 지켜야 할 예의도 있고 하니 어떻게 해서든 답을 잘하고 싶은 것이 사람의 기본적인 심리다. 오늘 보고 말 강사가 물어본 질문과, 나를 알고 내 이름을 기억하는 강사가 물어본 질문은 전혀 다른 것이다.

강사가 수강생의 이름과 얼굴을 인지한 상태로 이름을 부르는 것은 다음과 같은 의미가 있다.

• 강사와 수강생 사이에 교감이 생기고 친밀한 상태를 만들어 강의를 부드럽게 풀어준다.

• '아는 사이'가 된 수강생은 언제 저 강사에게 또 호명될지 모르므로 긴장하며 수업을 듣게 되고, 제대로 대답을 해야겠다는 마음가짐으로 강의를 열심히 듣기 때문에 강의 효과가 배가 된다. 수강생이 강의 내용을 (자의건 타의건) 확실히 습득할 수 있는 것이다.

강사 역시 서로 '아는 사이'가 된 수강생과 함께하는 강의가 훨씬 재미있기 때문에, 더 신나서 즐겁게 강의할 수 있고 아울러 더 좋은 강의 결과를 얻을 수 있다.

이런 강의에서는 강사도 수강생을 잊을 수 없고, 수강생도 강사를 잊을 수 없다.

3-14 수강생 명단 확보는 필수

    강의 전 수강생 명단을 입수하는 일은 강사라면 반드시 해야할 필수 사항이다. 파일 형태로 노트북에만 저장된 명단은 쓸모가 없다. 반드시 종이에 프린트한 수강생 명단을 손에 쥐고 강의실에 들어가야 한다. 강의를 진행하면서 수강생의 이름을 불러야할 때 꼭 필요하기 때문이다. 첫 강의 시간에 강사가 수강생의 이름을 모를 때는 이 명단을 보면서 호명한다. 보통은 강의실 안에 수강생 명단이 준비되어 있지만 만약 없다면 당장 수강생 이름을 부를 수 없고, 담당자를 통해 명단을 구해 오거나 출석부를 가져와야 하는 수고가 따른다. 이런 불필요한 대기 시간을 줄이려면 강사 스스로가 명단을 프린트해 오는 것이 가장 좋다.

    이 책에서 '2-26 사전 설문조사'와 '3-13 수강생의 이름을 불러 줘라'의 내용을 보면, 강사가 왜 수강생 명단을 손에 쥐고 강의실에 들어가야 하는지 잘 알 수 있다.

3-15 웃으면서 강의할 수 있는 방법

강의는 웃으면서 진행한다.

사람들은 누구나 웃는 얼굴을 좋아한다. 강사 스스로도 웃고 있으면 마음이 편해지고 더 좋은 강의를 할 수 있다. 긴장되고 떨리더라도 웃는 얼굴을 연습해보자.

강의를 하다 보면 수강생이 딴짓을 하거나 질문에 답을 안 하거나 사전 과제를 안 해 오거나, 강의실이 너무 덥거나 네트워크 환경이 열악하거나 하는 다양한 이유들로 강사가 웃음을 잃을 수도 있다. 한편 스스로 웃고 있다고 생각하지만 자기도 모르게 얼굴이 굳어지는 강사도 많다. 강의 내내 함박웃음을 지으며 무리해서 웃으라는 뜻이 아니다. 상황이 좋을 때도 좋지 않을 때도, 기본적으로 미소를 머금은 얼굴로 강의에 임하자. 강의 내내 내가 웃으면 수강생도 같이 웃어줄 것이다.

밝은 표정과 웃음을 유지하기 위해 가장 중요한 것은 '아이 컨택'이다. 계속해서 벽시계를 힐끔거리거나 사람 얼굴을 쳐다보지도 않는데 밝은 표정과 웃음이 나올 수는 없다. 수강생을 한 명한 명 보면서 아이 컨택을 해야 웃음이 나온다. 물론, 눈을 맞추면서 웃어야 한다는 것이 무슨 법칙은 아니다.

아이 컨택을 해야 하는 이유가 무엇인지 아는가? 아이 컨택을 하면 진짜 웃음을 지을 수 있기 때문이다. 강사의 자연스러운 미소와 말투는 수강생과의 아이 컨택이 잘 되어야만 나올 수 있다. 많은 사람들이 아이 컨택 자체가 중요한 것으로 생각하는데, 아니다. 아이 컨택을 나눠야만 비로소 미소와 말투가 자연스러워지고 관계 또한 원활해지기 때문에 아이 컨택이 중요한 것이다. 즉, 아이 컨택 그 자체가 중요한 것이 아니라는 의미다. 강사가 억지로 웃거나 애매한 표정을 짓게 되는 것은 강사와 수강생 간에 진정한 아이 컨택이 이루어지지 않았기 때문이다. 강사가 아이 컨택을 잘하면 수강생과 편한 사이가 되고, 수강생과 편한 사이가 되면 자동적으로 자연스러운 미소와 말투가 나온다.

3-16 아이 컨택은 어떻게 할까

아이 컨택은 강의의 시작과 끝이다. 수강생 전체에 골고루 아이 컨택을 해야 한다. 너무 빨리 휙 지나가는 아이 컨택은 의미가 없으며, 한 명 한 명 지나치게 오래 쳐다보는 것은 수강생에게 부담을 준다. 골고루 시간을 안배해서 쳐다보되, 질문을 한 사람과 대답을 한 사람은 특별히 웃으면서 잘 응시하도록 한다.

수강생을 바라볼 때 시선 처리는 어떻게 해야 프로다울까? 한 명씩 빠짐없이 아이 컨택을 하기 위해 앞줄부터 좌우로 훑고 그 다음 줄을 좌우로 훑으면 될까? 이런 시선 처리는 너무 경직되고, 무엇보다 재미가 없다. 강사의 시선이 다음에 누구에게 갈지도 이미 다 예측 가능하다. 억지로 신경 써서 아이 컨택을 하고 있는 게 너무 티가 난다.

자연스럽게 시선을 맞추려면 수강생이 앉아 있는 순서대로가 아니라 지그재그로 아이 컨택하기, 원을 그리면서 한 명 한 명 아이 컨택하기 등의 방법이 있다. 이런 방식으로 아이 컨택을 하면 훨씬 자연스러울뿐더러 한 가지 장점이 더 있다. 수강생이 '강사가 다음에 누구를 쳐다볼지, 누구에게 질문을 할지' 예측할 수 없기 때문에 긴장을 불러일으킨다. 순서대로 하는 아이 컨택은 "그다음에는 어느 쪽으로 질문을 하겠구나. 이다음에는 누구에게 시선을 주겠구나"라는 예상이 가능하다. 하지만 지그재그나 원 방식은 이런 예측이 불가능해 재미와 긴장이 생긴다. 무엇보다, 훨씬 자연스럽고 여유로운 아이 컨택이 가능하다.

그렇다면, 피해야 할 시선 처리에는 어떤 것이 있을까? 다음은 가장 안 좋은 시선 처리의 예다.

- 벽에 걸린 시계를 바라본다.
- 창밖을 바라본다.
- 고개를 숙여 바닥을 쳐다본다.
- 뒤돌아서 또는 옆으로 서서 슬라이드 화면만 본다.
- 노트북 화면만 바라본다.

물론 강의 진행 중에 잠시 위와 같은 시선 처리를 할 때도 있다. 하지만 이런 시선 처리가 계속된다면, 강사가 스스로 자기 강의에 자신감과 관심이 없음을 고백하는 셈이다. 강의 내용을 효과적으로 전달하고 싶다면 수강생에게 집중하고 마음을 열자.

수강생 전체에게 골고루 아이 컨택을 하면서 동시에 안 좋은

시선 처리를 피해야 한다니, 한꺼번에 이 둘을 어떻게 해야 할지 난감해할 사람이 있을지도 모르겠다. 가장 좋은 방법은 의식하지 않아도 몸에서 자연스럽게 이런 시선 처리가 나오도록 실전 훈련을 많이 하는 것이다.

3-17 유머에 목숨 걸지 마라

웃는 얼굴로 강의를 진행하는 것과, 수강생을 웃기면서 강의를 하는 것은 다르다. 강사가 꼭 웃길 필요는 없다. 수강생을 웃겨야 한다는 사명감과 부담감은 절대 가질 필요가 없다.

그러나 강사 자신이 노래를 잘하고 유머 감각이 있고 그림을 잘 그리고 악기를 잘 다룬다면, 자신만의 주특기로 청중을 집중시키는 것도 한 가지 방법이다. 단, 그저 재미있고 웃긴 것이어서는 안 된다. 재미있더라도 반드시 강의 내용이나 주제와 관계가 있어야 한다. 웃기더라도 꼭 강의와 연관된 화제여야 한다. 유머 코드를 넣고 싶다면 강의 주제와 관련된 것이나 점잖은 것을 선택해야 한다. 아무리 웃기더라도 강의 주제와 전혀 무관하거나 사적인 이야기, 혹은 대중에게 어필할 수 없는 유머라면 안 하는 것이 훨씬 낫다. 이는 꼭 지켜야 한다.

실제로 꽤 많은 사람들이 내게 물어보는 질문이 있다.

"나는 유머러스함과는 거리가 먼 사람이다. 농담을 시도하면 진땀부터 난다."

"어떻게 하면 강의를 유머러스하게 하느냐."

"농담은 어떤 것을 해야 재미있느냐."

"유머 관련 책을 읽는 게 도움이 되느냐, 추천할 것이 있느냐."

내 대답은 이렇다. 강사 본인이 유머러스한 편이 아니라면 농담을 시도하지 않는 것이 오히려 낫다. 정말이다.

"요번 강의에는 꼭 이 타이밍에 농담을 던져봐야지, 유머러스한 강의를 해야지."

"재미있는 개그를 몇 개 외워 가야지."

이렇게 생각하고 있는가? 당신이 부담을 가지고 일부러 의식하며 목표를 세우고 있다면, 미안하지만 당신은 유머러스한 편이 아닌 것이다. 중요한 것은 유머가 아니라 강의 내용이다. 덜 중요한 것에 너무 신경 쓰고 스트레스 받을 필요는 없다. 강의 중에 자연스럽게 생각나서 던진 유머가 통했다면 운이 좋은 것이고, 유머가 안 통한다면 뭐 어떤가? 굳이 그런 걸로 스트레스 받을 필요가 없다. 강의에서 꼭 웃기는 이야기가 있어야 한다는 생각을 버리자.

3-18 강사가 피해야 할 행동

다음은 강사가 하는 가장 안 좋은 행동의 예다.

- 팔짱을 낀다.
- 머리를 넘긴다.
- 이마나 입을 만진다.
- 볼펜을 만지작거린다.
- 포인터를 무의미하게 사용하면서 슬라이드를 가리킨다.

이러한 행동들은 반복을 삼가야 한다. 이는 강사가 자신의 강의에 자신이 없다고, 무관심하다고 고백하는 셈이다.

손은 기본적으로 가볍게 내려뜨리고 있는 것이 가장 자연스럽다. 그 외에는 화면이나 수강생 쪽을 가리키거나, 특정 제품을 가리킬 때는 가볍게 그쪽 방향으로 손으로 뻗으면 된다. 외국에서는 주머니에 손을 넣는 등의 캐주얼한 방식도 있지만, 한국 정서

상 공식적인 강의나 프레젠테이션에서 이런 방식은 권장하지 않는다.

당신이 잊지 못할 강의

3-19 강의 시간은 딱 맞게

아무리 명강의라도 정해진 시간 내에 끝내야 한다. 미리 공지된 시작 시간과 종료 시간을 꼭 지키도록 하자.

너무 늦게 시작하거나 너무 일찍 끝내는 것도 좋지 않다. 공지된 시작 시간과 동일하게 시작하고 공지된 종료 시간 또는 10분 전에 마치자. 강의 시간은 보통 50분 강의, 10분 휴식을 기본으로 한다. 쉬는 시간 역시 10분보다 짧거나 길게 하지 말자.

이를 위해서는 강사가 스스로의 말하는 속도를 파악하고 있어야 하므로, 자신의 발표나 대화 내용을 녹음해보고 모니터링하자. 그냥 교안을 보고 읽을 때와 실제 말할 때는 시간 차이가 있다. 실제로 말하면서 한 시간당 몇 페이지나 진행이 되는지, 한 챕터를 마치는 데 얼마나 시간이 걸리는지 꼼꼼히 체크해보자. 개인차가 있지만 한 시간 강의에는 슬라이드 15장 내외가 사용되는 것이 보통이다. 물론 한 슬라이드를 가지고 오래 설명하는 경우도 있고, 슬라이드마다 커다란 사진 예제만 있어서 3초에 한 개씩 넘어가는 경우도 있으니, 상황에 따라 편차는 있을 수 있다. 사전에 강사 본인의 말하는 속도를 체크할 필요가 있다면 '4-2 리허설 시간 측정'을 참고하면 된다.

3-20 사내 강사의 경쟁력! 실제 업무 경험

교안에 나와 있는 내용도 수강생에게는 중요하지만, 수강생이 가장 궁금해하는 것은 강사의 실제 경험과 현업 이야기이다. "저 강사님이 실제 현업에서는 어떻게 일을 할까?", "실제 이 방법으로 일을 해본 경험이 있을까?"

이런 궁금증을 속 시원히 풀어주는 것도 강사의 역할이다. 글로만 읽어서는 감이 오지 않았던 교안 내용을 실전 사례로 들을 때 강사에 대한 수강생의 신뢰도는 한층 더 높아진다. 또한 강사의 실제 업무 경험 이야기는 해당 교안의 기본 내용에 더욱 탄탄한 백데이터를 만들어주기 때문에 학습 효과도 높일 수 있다.

사내 강의(사내 강사)가 외부 강의(외부 강사)에 비해 경쟁력을 가지고 빛을 발하는 포인트가 바로 이 부분이다. 저명한 교수, 유명한 학자, 훌륭한 전문가가 해주는 강의는 물론 유용하다. 배울 점도 도움이 되는 점도 많지만, 당장 일을 하고 있는 회사원 입장에서는 답답한 경우도 적지 않다.

"교수님이 말씀해주시는 것은 저도 아는 이론이고 동감하는 내용이지만, 현실 업무에 적용하기에는 너무 이상적입니다."

"전문가께서 조언해주신 점은 충분히 수긍합니다만, 양산 기간을 맞추면서 조언을 반영한다는 것은 불가능한 일입니다."

"실제로 업무를 해본 사람이라면 이 전문 강사가 해주신 말씀이 현실에서는 큰 도움이 안 된다는 데 모두 동의할 겁니다. 현실에서는 업무 시작 전에 저렇게 많은 시간을 ○○○에 쏟을 수가 없거든요. 이론적으로야 모두 다 아는 사실이지만 실제 업무에 저렇게 적용했다가는 결과물이 언제 나오냐는 싫은 소리만 들을 것이 뻔합니다."

사내 강사는 바로 어제까지 내 옆 사무실에서 같이 일하던 선배, 동료, 후배이다. 우리가 어떻게 일을 하고 있고 어떤 문제가 있고 어떤 점이 답답한지 정확히 꿰뚫고 있는 사람이다. 사내 강사가 일하면서 했던 고민은 수강생이 했던 고민과 정확히 일치한다. 따라서 사내 강사는 수강생들의 가려운 부분을 제대로 긁어줄 수 있다. 이 점이 바로 사내 강사의 매력이자, 강력한 경쟁 포인트이다. 잊지 못할 강의를 하는 사내 강사라면 이러한 사내 강사의 포지션을 십분 활용해서 대체 불가능한 강의를 만들어야 한다. 실제 업무 경험과 현업 이야기가 녹아 있는 사내 강사의 강의는 당연히 좋은 반응을 이끌어낸다.

단, 경험과 현업 이야기를 할 때는 너무 개인적인 이야기나 사적인 감상, 불평으로 이어지지 않도록 주의해야 한다. 어디까지나 공식적인 '강의' 자리임을 명심하자. 지나치리 만큼 개인적인 이야기나 사적인 감상은 무엇보다 수강생의 공감을 얻기 힘들다. 강사에게는 힘들었거나 재미있었다고 해도, 그 배경 상황이나 앞뒤 스토리가 없이 듣는 개인사는 웬만해서는 남의 공감을 불러일으키기 힘들다. 그렇다고 아주 많은 시간을 할애해 개인사의 배경 상황이나 앞뒤 스토리를 전부 다 이야기하는 것은 공식적인 '강의' 자리의 주객을 전도하는 처사다.

따라서 말하고 싶은 개인적인 경험이나 이야기가 있다면 첫째, 이 강의에 꼭 필요한 것인지 판단한다. 둘째, (내가 아닌 타인인) 수강생의 공감도 얻을 수 있는 내용인지 생각한다. 셋째, 이야기하기로 결정했다면, 배경 상황과 앞뒤 스토리도 적정선에서 같이 이야기해 납득시킨다.

3-21 긴장하자

강사는 긴장해야 한다.

강단에 서서 자연스럽고 편안하게 강의할 수 있다는 것은, 오히려 최소한의 기본적인 '긴장'이 몸에 배어 있다는 의미다. 항상 하던 강의라도, 늘 보던 교안이라도, 자주 오던 강의실이라도, 강사는 언제나 긴장하고 새롭게 여겨야 한다.

강사 중에는 강의 때만 긴장하고 식사 시간이나 쉬는 시간에는 긴장하지 않는 사람도 많다. 그러나 점심이나 저녁을 먹는 시간이라도 식당에는 수강생의 눈이 있음을 의식해야 한다. 식사 예절을 갖추며 아무 말이나 하지 않고 품위를 유지해야 한다. 화장실에서도 예의를 지키고 긴장해야 한다. 오늘 강의를 하는 내내 강의실, 식당, 화장실, 휴게실 모든 곳에서 늘 긴장하고 있어야 프로 강사다.

3-22 졸고 있는 수강생은 어떻게 할까

강의를 하다 보면 조는 수강생이 있을 수 있다. 조는 수강생이 한 명도 없는 것이 가장 좋지만, 모든 강의가 다 그럴 수는 없다. 그렇다면 조는 수강생이 있을 때는 어떻게 해야 할까? 강의 성격, 수강생 숫자, 강의 내용에 따라 이에 대한 답은 너무나 많다. 상황이 워낙 다양하므로 이러이러하게 대응해야 한다고 딱 답이 정해진 것은 아니다.

그러나 일반적인 경우를 기준으로, 어떤 수강생이 졸고 있을 때 나는 특별히 조치를 취하지 않는다. 내가 수강생이었을 때를 생각해보면, 강사가 졸지 말라고 훈계를 하거나 지적을 한다고 해서 졸음이 가시지는 않았기 때문이다. 개인적으로 몸이 피곤한 경우, 강의 내용이 나와 특별히 관련이 없거나 내가 이미 알고 있는 내용일 경우 수강생은 졸게 되어 있다.

이럴 때 내가 쓰는 방법은 다음과 같다. 졸고 있는 수강생도 어떤 시점이 되면 잠이 어느 정도 깨서 눈도 좀 깜빡거리고, 몸도 약간씩 움직이면서 다시 강의를 들어보려고 노력한다. 이런 조짐이 보일 때—이때가 좋은 타이밍이다— 곧바로 간단하고 어렵지 않은 질문을 그 수강생에게 던진다. 수강생은 본인이 호명된 것에 놀라 정신을 차리고, 순간 긴장하면서 잠에서 깰 수 있다.

그 상황에서 군이 "방금 졸았지요? 졸지 마세요"라고 덧붙이는 것은 정말 초보 강사의 태도다. 그렇게 콕 집어주지 않아도 수강생은 자신이 졸았기 때문에 지목 당했다는 것을 분명히 알고 있다. 잠을 깨게 만드는 충격 효과는 한 번 질문한 것으로 충분하다. 졸지 말라고 더 지적하면 그 수강생은 부끄러워하고 멋쩍어할 것이다. 또 그 강의실의 분위기도 순간 딱딱해진다.

흔하지 않지만, 조는 수강생 중에 깨어나서도 강의를 들으려하지 않고 계속 자는 이가 있다. 이런 경우 (정답일지는 모르겠으나) 나는 그 수강생에게 관여하지 않는다. 졸음은 누가 질책한다고 해결될 문제가 아니며, 어쩔 수 없는 현상이기 때문이다. 계속 깊은 수면 상태에 빠져 있다면 그 수강생에게는 잠을 깨고 싶은 의지가 없다고밖에 볼 수 없다. 그리고 궁극적으로, 어떤 수강생이 존다고 해서 그런 행위가 강의를 열심히 듣는 다른 수강생에게 불편이나 어려움을 주지는 않는다. 만약 다수의 수강생에게 불편을 끼치는 행동—잡담을 한다든지 강의와 무관한 질문을 계속한다든지—이 보인다면 대응 방안을 찾겠지만 한두 명의 수강생이 조는 것이라면, 내 경우 크게 개의치 않고 강의를 이끌어가는 편이다.

강의하기도 긴장되고 바쁜데, 어떻게 이런 것까지 고려해가면서 강의를 하냐고? 고려해야 한다. 이 책을 읽고 있는 당신이라면 그냥 강의가 아니라 수강생이 잊지 못할 강의를 하고 싶어 한다는 뜻일 테니까.

3-23 떠드는 수강생은 어떻게 할까

　이번에는 떠드는 수강생에 관해 이야기해보자. 성인을 대상으로 한 강의에서 특별히 심하게 떠드는 수강생은 많지 않다. 옆 사람과 대화를 잠시 하거나 전화를 받으러 밖으로 나가는 수강생이 있기 하지만, 이런 경우들은 보통 일 분 이내에 해결이 된다. 옆 사람과 대화가 일 분 이상 길어질 정도로 중요한 업무상 대화를 강의 도중에 해결하려는 수강생은 (내가 겪은 한) 없었다. 하지만 만약 일 분 이상 몇몇 수강생이 떠든다면 어떻게 해야 할까?

　이때는 앞서 말한 '조는 수강생'과는 좀 다른 차원의 이야기가 된다. 떠드는 수강생은 조는 수강생과 달리 강의를 열심히 듣고 있는 다른 수강생에게 분명한 '피해'와 '불편함'을 주기 때문이다. 시끄럽게 떠들건 속삭이며 떠들건, 다른 수강생은 이 소리가 신경 쓰일 수밖에 없다. 따라서 이런 경우에는 강사가 조는 수강생의 경우처럼 (상황에 따라) 그냥 둔 채 넘어갈 수 없다. 반드시 이 방해 요소를 제거해서 다수의 수강생이 편하게 강의에 집중할 수 있는 환경을 만들어줘야 한다.

역시 강의 상황, 청중 규모, 강의 내용 등에 따라 차이가 있지만, 나는 이렇게 대응한다. 떠들고 있는 수강생에게 간단하고 어렵지 않은 질문을 한다. 보통 떠든 수강생이라면 질문에 대한 답을 잘 못한다. 그럴 때는 "방금 한 것인데 기억을 못하다니, 다음 기회에 다른 것을 꼭 물어보겠습니다"라며 가볍게 웃어준다. 그러고는 "다른 수강생 중에 답을 아는 분?" 하면서 주의를 돌린다. 만약 대답을 잘했다면, "아, 정답입니다. 잘 듣고 계셨네요?" 하면서 약간 의외라는 유머 섞인 미소를 지어주면 좋다. 해당 수강생도 너무 쑥스럽지 않을 수 있고, 강의실 분위기도 부드러워진다.

그 상황에서 굳이 "방금 떠드셨지요? 조용히 하세요"라고 지적하는 것은 오히려 역효과가 나는, 세련되지 못한 태도다. 그렇게 콕 집어 말하지 않아도 수강생은 자신이 떠들었기 때문에 강사로부터 지목 당했다는 것을 분명히 알고 있다. 조용히 하라는 간접적 경고는 한 번 질문한 것으로 충분하다. 떠들지 말라고 직접적으로 지적하면 그 수강생은 당황하게 되고 강의실 분위기 역시 순간 딱딱해진다.

만약 이렇게 조치를 해도 계속 떠드는 수강생이 있다면 어떻게 해야 할까?

정말 흔치 않은 케이스지만, 나라면 이렇게 하겠다고 생각해둔 방법이 있다. 그 수강생에게 한 번 질문을 해보고, 그래도 나아지지 않는다면 한 번 더 질문을 한다. 하지만 이래도 나아지지 않는다면 강의 쉬는 시간에 그 수강생을 따로 불러 다른 수강생을 위해 조용히 해줄 것을 당부할 것이다.

내 강의의 대상자는 대학생 이상 성인, 직장인이 대부분이었기 때문에 강의 중에 떠드는 매너 없는 수강생을 만난 적은 없다. 하지만 늘 이런 케이스에 대해 마음의 준비를 하고 대처 방안을 생각해두고는 있다.

3-24 내 편인 수강생이 있다

강의를 하면서 강의 자체에 대한 경험과 지식이 늘면 긴장을 많이 하고 떠는 일은 잘 없다. 하지만 모든 강의에는 돌발 상황, 특이 상황이 있기 마련이다.

만약 청중이 강사에게 적대적이거나, 강사가 하는 말에 별로 동의를 하지 않거나, 또는 강사의 질문에 아무 호기심이나 반응이 없다면 어떻게 해야 할까? 특히 이런 케이스는 수강생이 자발적으로 강의에 들어온 경우보다는 억지로 의무적으로 필수적으로 이수해야 해서, 필요에 의해 바쁜데도 불구하고 간신히 짬을 내어 수강한 경우에 많이 생긴다. 이는 강의뿐 아니라 다른 여러 프레젠테이션에서도 마찬가지다. 청중이 특별히 당위성을 느껴 자발적으로 온 것이 아니라 의무감이나 업무상 필요 때문에 억지로 참석했을 때가 종종 있다. 이런 경우 강사나 발표자가 취해야 할 태도는 참으로 다양하다. 강의나 프레젠테이션 타입에 따라 정말 다른 답이 나오기 때문이다.

일반적으로 공통되게 적용 가능한 방법이 하나 있다. 바로 '내 편'인 수강생이나 청중을 찾아 집중하는 것이다. 한 강의에 최소 두세 명 정도의 우호적인 수강생이나 청중은 있기 마련이다. 강사와 눈을 잘 마주치고, 웃어주고, 메모를 열심히 하고, 고개를 끄덕이는 수강생에게 집중해보자. 그렇다고 강의의 시작과 끝 모두 그 특정 수강생만 보라는 뜻은 절대로 아니다. 특정 수강생에게만 집중하는 강의 태도는 반드시 피해야 할 태도이기도 하다. 강사에게 닥칠 수 있는 강의 중 돌발 상황이나 특이 상황은 강의 초반에 긴장되어서 떨릴 때, 강의 내용이 잘 풀리지 않을 때, 강사가 예상한 반응이 안 나올 때를 말한다. 이러한 위급 상황에서 안정을 얻고자 한다면 강의에 우호적인 수강생에게 질문을 하거나, 그 수강생과 아이 컨택을 함으로써 마인드 컨트롤을 해보라는 것이다. 이렇게 한 차례 위기를 겪고 나면 모든 수강생을 아우르는 기술이 생길 것이다.

3-25 동영상을 재생할 때 조심해야 할 것

강의 도중 비디오나 오디오를 사용할 경우가 있다. 강사는 비디오나 오디오를 재생하기 전후에 이 자료가 무엇인지 설명을 해야 한다. 비디오나 오디오가 재생되고 있는 와중에 강사가 말을 해서는 안 된다. 중간에 말을 해야 한다면 비디오나 오디오를 멈춘 상태에서 설명을 하고, 설명이 끝난 뒤 다시 비디오나 오디오를 재생해야 한다.

비디오나 오디오가 재생 중이어도, 강사가 마음이 급하거나 전달하고 싶은 말이 많으면 자신도 모르게 말이 튀어나온다. 이럴 경우 비디오나 오디오의 소리, 그리고 강사의 말 모두 청중에게 전달이 되지 않는 불상사가 생긴다. 어느 한쪽도 제대로 전달이 되지 않아 청중은 귀가 아프고 정신이 없어 짜증이 날 수 있다. 강사는 욕심을 줄이고, 차분하게 강의 내용을 전달하는 데 집중해야 한다.

이는 언젠가 외부 콘퍼런스에 참석했을 때 느꼈던 사례이기도

하다. 비디오가 재생되는 중간에 강사가 "이 부분의 ○○○이 중요합니다. 왜냐하면 이 부분에서 A는 B했기 때문입니다"라고 말했다. 하지만 비디오에서 A가 B를 하는 부분의 소리는 강사의 목소리에 묻혀 제대로 들리지 않았다. 청중은 비디오에서 어떤 소리가 나왔는지 듣지 못했고, 강사가 설명한 ○○○은 비디오 소리에 묻혀버렸다. 강사의 말, 비디오 속의 소리, 그 어느 쪽도 전달이 되지 않은 총체적 난국이었다.

비디오나 오디오를 재생할 때는 비디오와 오디오 소리만 들리도록, 강사가 말을 할 때는 강사의 말만 들리도록 해야 한다. 가장 기본적인 사항이지만 의외로 잘 지켜지지 않는 부분이므로 주의를 기울여야 한다.

당신이 잊지 못할 강의

3-26 강의는 서서 한다

　기본적으로 강의는 의자에 앉아서 하지 않고 서서 한다. 실습용 노트북을 조작하거나, 실습 중 잠시 앉아 노트북 화면을 보면서 슬라이드를 넘겨야 할 경우 등을 제외하고는 모두 서서 강의를 진행해야 한다. 앉아서 강의를 하게 되면 강사 스스로도 긴장이 되지 않고 은연중에 소극적인 모습을 보이게 된다. 강의는 토크 쇼가 아니다. 의자에 앉아 편하게 대화를 하는 자리가 아니라는 말이다. 반드시 청중을 향해 서서 강의를 진행해야 강사의 말이 잘 전달되고 설득력도 있다. 아울러 서서 강의를 하면 강사 스스로도 더 각성하게 된다. 수강생 또한 서서 강의하고 있는 강사를 보면 더 강의에 집중하게 된다.

　그럼에도 불구하고, 의자에 앉아서 강의를 하고 싶은 강사도 있을 것이다.

"서서 강의 하면 너무 긴장돼서 말을 못해요. 앉아서 하면 말이 좀 나와요."

"앉은 채로 노트북을 사용하면서 강의해야 할 부분이 많아요. 처음에는 서서 강의하다가 노트북 때문에 도로 자리에 앉게 되는데, 다시 서서 강의하는 것이 너무 귀찮아요. 그냥 쭉 앉아서 강의하고 싶어요. 안 되나요?"

"몸이 너무 아픈 날 강의를 하게 되었을 때는, 정말 앉아서 강의할 수밖에 없어요."

"중간에 다리가 너무 아픈데 잠깐씩 앉아서 강의하다가 다시 서서 강의하는 건 별로인가요?"

나는 위와 같은 질문을 많이 받았다. 이에 내 대답은 하나이다.

"강의를 제대로 하려면 강사가 서서 강의해야 합니다. 이 전제는 변하지 않아요. 자기의 온몸과 온 정신이 청중을 향해 열려 있어야 합니다. 난다 긴다 하는 강사들 중에 앉은 채로 강의하는 사람을 본 적 있습니까? 발표 좀 한다는 유명한 프레젠터들 가운데 앉아서 발표하는 이가 있습니까? 물론 어떤 상황에서는 의자가 꼭 필요할 수도 있겠지요. 그런 상황이라면, 수강생에게 미리 양해를 구하고 앉으세요. 하지만 진짜 강의는 서서 해야 합니다."

3-27 열혈 수강생을 만날 수 있는 시간! 쉬는 시간!

강의 중 쉬는 시간에도 강사는 긴장하고 있어야 한다. 수강생은 쉬는 시간에도 강사를 보고 있다. 질문을 하기 위해 쉬는 시간에 강사에게 다가올 수도 있다. 강사는 급한 업무 연락이 필요하다면 강의실 밖으로 나가 다른 곳에서 전화를 해야 맞다. 강의실 안에서 전화를 하거나, 전화기를 만지고 있거나, 메일을 쓰고 있거나, 멍하니 창문을 바라보거나, 다른 일을 하고 있는 모습은 프로답지 못하다. 강사가 강의실 안에 있다면 강의가 계속되고 있는 셈이다. 쉬는 시간에도 늘 긴장하고 있어야 한다.

물을 마시거나 옷매무새를 가다듬거나 머리를 쓸어 올리는 행동, 신발을 다시 신거나 가방에서 볼펜을 꺼내거나 휴대폰을 만지는 행동 등은 모두 쉬는 시간에 신속히 해야 한다. 강의 도중에 이런 행동은 삼가고, 쉬는 시간에도 이런 행동을 지나치게 오래 하는 것은 피해야 한다.

질문을 하고 싶어도 수줍음이 많거나 부끄러워서 못했던 수강생은 쉬는 시간을 계속 기다려왔을 수도 있다. 이런 수강생이 다가와서 물어볼 수 있도록 강사는 쉬는 시간에 화장실을 빨리 다녀온 뒤 되도록 자리에 있는 것이 좋다. 오히려 쉬는 시간에 질문하는 수강생에게 강사가 지금까지의 강의 피드백을 받을 수 있다. 또 수강하는 데 힘든 점이 있었는지도 물을 수 있어, 쉬는 시간은 강사에게 좋은 기회가 될 수 있다.

그리고 경험상, 쉬는 시간에 질문을 하는 수강생들은 대부분 열심히 수업을 듣는 이들이다. 쉬는 시간도 마다하고 강사에게 다가와서 (본인도 힘들고 쉬고 싶을 텐데 굳이) 묻는 열정을 보라. 그래서 나는 쉬는 시간을 선포한 뒤 (바로 나가거나 화장실에 가지 않고) 일부러 내 자리에서 대기하며 수강생들 쪽을 바라본다. 잔뜩 기대한 채로. 강사와 아이 컨택을 하며 교재를 들고 강사 쪽으로 다가오려 하는 열혈 수강생들이 보인다. 이런 똑똑한 수강생들을 만날 기회가 바로 쉬는 시간이니 놓치지 마시기를.

당신이 잊지 못할 강의

3-28 강의 시간이 부족하거나 남는다면

    강의를 하다 보면 원래보다 말이 빨라지는 경우도 느려지는 경우도 있다. 당황하면 말이 빨라진다거나 배가 고프면 말이 느려진다거나 하는 강사 개인적인 문제를 극복하는 것도 중요하다. 개인적인 감정이나 감성 상태에 따라 말의 속도가 좌지우지되면 안 된다. 강사는 일관된 말의 속도를 유지하되, 중요한 부분에서만 속도를 바꿀 수 있는 기술도 필요하다. 강조가 필요한 중요 부분에서는 오히려 평소보다 느리게 말해야 수강생의 이목을 집중시킬 수 있다.

    시간이 너무 부족해서 말을 빨리 해야 하는 경우가 있고, 반대로 시간이 너무 넉넉하게 남아서 일부러 천천히 말해야 하는 경우도 있다. 두 경우 모두에 가장 좋은 방법은 강사가 처음부터 강의 시간 배분을 잘해서 아예 이런 문제가 생기지 않도록 하는 것이다.

    통상, 강의 시간으로 약속된 만큼의 90%만 사용할 수 있다고 생각하면 안전하다. 나머지 10%는 예기치 못한 질문에 대한 응대, 강의실 안의 하드웨어적 문제 해결 등에 쓰인다고 생각하는 것이 좋다. 이렇게 대비를 해놓고 강의 시간과 말하는 속도를 조절하면 돌발 상황에서도 침착함을 유지할 수 있다. 10%의 예기치 못한 상황은 늘 일어나기 때문이다. 10%의 돌발 상황을 제외한 나머지 90%의 시간만 있어도 내 강의를 충분히 진행할 수 있어야 환경을 타지 않는 프로 강사다. 만약 돌발 상황이 하나도 일어나지 않고 강의가 순조롭게 흘러갔다면 어떻게 해야 하는가? 그럴 경우에는 나머지 10%의 시간에 추가 질문을 더 받거나 강의 결론을 한 번 더 요약해주는 시간으로 여유롭게 쓰면 된다.

하지만 이미 시간 문제가 일어났다면, 어떻게 해야 할까?

이럴 경우 수강생에게 솔직히 현재 상황을 이야기해야 한다. 시간이 부족한 경우라면, "남은 시간 동안 얼마만큼을 할 수 있으니, 중요한 부분만 추려서 하겠다"라고 말한 뒤 평소 속도대로 강의를 해야 맞다. 시간이 남는 경우라면, 역시 평소 속도대로 강의를 하고 예제를 더 보여주거나 질문을 좀 더 많이 하는 방법으로 시간을 조절한다. 하지만 시간만 맞추기 위해 불필요한 예제를 자꾸 보여주거나 질문을 많이 하면 당연히 역효과가 생기므로, 솔직하게 수강생에게 말하고 일찍 끝내는 편이 낫다.

어느 케이스건 간에, 강사의 말 속도는 원래 속도를 유지하는 것이 전체적인 강의의 질과 만족도를 높이는 데 좋다. 상황이 여의치 않다고 말 속도를 지나치게 빠르게 하거나 느리게 하면 강의의 전반적인 내용을 전달하는 데 전혀 도움이 되지 않는다. 무엇보다 수강생들이 이 강의가 이상하다는 것을, 뭔가 문제가 생겼다는 것을 바로 눈치챈다. 강사도 수강생도 모두 혼란스러울 것이다. 걱정하지 말고 지금 상황을 솔직하게 이야기한 뒤 의연하게 강의를 진행하자.

3-29 아이스 브레이킹은 필수가 아니다

전통적인 강의 기법에는 서먹함을 깨뜨리려는 아이스 브레이킹(Ice Breaking)이 꼭 들어 있다. 처음 만나는 수강생과 강사가 서로 낯섦을 극복하고, 강의실에서 친해지자는 의미로 하는 강의 기법이다. 옆자리에 앉은 수강생과 자기소개하기, 악수하기, 어깨 주무르기 같은 것들이 대표적인 예다.

나는 개인적으로 이런 아이스 브레이킹을 좋아하지 않는다.

내가 수강생 입장이었을 때 이런 방식이 하나도 안 좋았기 때문이다.

"왜 오늘 처음 본 옆자리 수강생 어깨를 내가 주물러야 하는 걸까."

"왜 오늘 처음 본 수강생이 내 어깨를 주무르는 걸까."

"저 강사 분은 어깨만 주무르고 나면 서로 친해진다고 생각하는 걸까."

"이 강의를 들으려면 무조건 수강생끼리 친해져야 하는 걸까."

"저 강사 분은 우리를 노인으로 아는 걸까. 어깨를 주무르지 않고서는 강의에 참여 못할 것처럼, 몸이 안 좋아 보이는 걸까."

이런 아이스 브레이킹은 보통 사내 연수원에서 일주일 이상 이루어지는 필수 교육 시간에 많이 사용된다. 조별로 인원이 짜여져 있어서 일주일 넘도록 함께 과제도 하고 강의도 들어야 하는 경우에 아이스 브레이킹은 적당할 수도 있다. 하지만 조별 조장을 뽑고 조원들끼리 자기소개하는 것만으로도 충분하다. 강의가 시작되고 시간이 지나면 자연스럽게 서로 친해지기 때문이다.

그리고 아이스 브레이킹 없는 두 시간짜리 강의에서도 친해질 사람들은 친해지는 반면, 아이스 브레이킹이 있는 한 달짜리 강의에서도 안 친해질 사람들은 안 친해진다.

무엇보다, 수강생들끼리 친해야만 강의를 수강할 수 있는 것은 아니다. 강사들은 꼭 수강생들끼리 친해져야 한다는 생각을 버렸으면 좋겠다. 친해지면 좋지만, 반드시 친해져야 하는 건 아니다.

하루 여덟 시간 또는 그 이내 교육이라면 아이스 브레이킹은 특히 불필요하다. 장기간 합숙하는 연수원 교육이 아니라, 하루 혹은 몇 시간짜리 기술 강의, 직무 강의, 정보 전달이 목적인 강의라면 아이스 브레이킹 없이 바로 강의 본론으로 들어가는 것이 강사에게도 수강생에게도 좋지 않을까? 직무 강의를 하는 사내 강사 중에 반드시 아이스 브레이킹을 넣어야 한다고 의무감을 느끼는 분이 있다면, (상황에 따라 다르겠지만) '강의 내용' 자체에 더 집중하라고 권하고 싶다.

"우리 졸리니까 기지개 한 번 펴고 갈까요?"
"점심 먹고 와서 나른하니까 다 같이 자리에서 일어나 맨손 체조 한 번 합시다."
"강의실 뒤에 커피와 과자가 있으니 드시고, 우리 잠시 스트레칭할까요."

제발 이런 것도 좀 하지 말자. 하고 싶으면 다들 자기가 알아서 한다.

3-30 포인터 잘 사용하기

포인터로 발표 슬라이드의 특정 부분을 포인팅할 때는 주의해야 할 점이 많다.

- 포인터를 습관적으로 계속 사용하지 말 것
- 포인터를 빙글빙글 돌리거나 너무 왔다 갔다 하지 말 것

강사는 자신이 이런 행동들을 하는지 모를 수도 있다. 무의식 중에 버릇이 되어 계속 이렇게 사용했을 수도 있다. 하지만 프로답지 않은 모습이며, 강의 내용 전달에 크게 방해가 되므로 반드시 고치도록 한다. 강의에서 가장 조심해야 할 것은 빔 포인터를 지나치게 눈 아프게 조정하는 행위다. 강사가 무의식적으로 특정 부분을 동그라미 치거나, 반복적으로 강조 빔을 쏘는 행위는 수강생에게 피로감을 주어 강의에 집중하기 어렵게 만든다. 포인터는 꼭 필요할 때에 간결하게 사용하자.

- 포인터의 조작 방법을 미리 확인할 것
- 포인터의 건전지가 충분한지 미리 확인할 것

이 두 가지는 강사가 반드시 사전에 직접 체크해야 한다. 강의 도중에 이 부분에 문제가 있어 허둥대는 모습은 정말 보기 안 좋다. 강의의 흐름이 끊겨 강사는 물론이고, 수강생도 맥이 빠진다.

3-31 적절한 수강생 정원

　강사는 반드시 교육팀을 통해 사전에 최종 수강생 숫자를 알아 둬야 한다. 강의 중에 수강생의 과제 발표가 있는 경우라면 특히 정확히 알아둬야 한다. 수강생의 과제를 강의 마지막 부분에 발 표시킬 때 시간을 얼만큼 배분해야 하는지, 현재 생각한 강의가 25명 기준이라면, 수강생이 35명일 때는 시간 안배를 어떻게 해 야 하는지, 강의 중간중간 질문은 몇 명까지 받아도 이상 없을지 를 미리 생각해야 하기 때문이다.

　강사가 수강생 인원을 조정할 수 있다면, 가장 적절한 정원은 몇 명일까? 강의 주제나 환경, 타입, 시간에 따라 다르겠지만 일 반적으로 말하자면 가장 좋은 수강생 인원은 20~30명 사이다.

　실습이 있는 강의라면 최대 30명, 실습이 없는 강의라면 최대 40명을 넘지 않는 것이 좋다.

　강사가 정원을 조정할 수 있다면 이와 같은 숫자를 기준으로 교육팀에 요청하면 좋다. 더 많이 신청한 인원은 차수를 늘려서 한 번 더 진행하는 것이 훨씬 효율적이다. 수강생 인원이 적절해야 강사가 수강생의 상태, 상황을 꼼꼼히 살피고 질문도 받으며 원활하게 강의를 진행할 수 있다.

아울러 이 인원은 일반적인 사내 직무 강의를 기준으로 한 것이다. 각종 콘퍼런스, 세미나, 프레젠테이션마다 주제, 환경, 타입, 시간이 다르므로 일괄적으로 적용할 수 있는 기준은 아님을 알아두자.

3-32 수강생 발표시키기

수강생이 해 온 과제를 발표할 때, 결과물이 파일 형태라서 빔 프로젝터를 통해 디스플레이해야 할 경우가 있다. 이때는 수강생의 과제를 메일이나 USB로 미리 받아둔 뒤, 강사 노트북에서 일괄적으로 빔 프로젝터를 통해 띄워주는 것이 좋다.

수강생이 발표할 때마다 본인 노트북을 매번 연단으로 가지고 나와서 케이블을 연결한 뒤 빔 프로젝터로 띄우면 시간이 너무 오래 걸린다. 한 명이 발표한 뒤 다음 사람이 발표할 경우 또다시 대기 시간이 생긴다. 강의실 전체적으로 대기 시간이 길어져 지루해지고 집중력도 잃게 된다.

강사가 발표를 들으며 본인 노트북을 바로 사용해 채점하는 불가피한 경우가 아니라면 강사 노트북에 과제물을 모두 취합한 뒤, 바로바로 빔 프로젝터를 통해 보여주고 수강생이 발표를 하는 것이 가장 좋은 형식이다.

3-33 강의 후 시험을 본다면

사내 강의는 강의 후에 시험이 있는 경우와 없는 경우가 있다. 즉, 강사가 수강생의 결과물을 보고 평가를 하기도 하고, 평가가 없기도 한 것이다. 시험이 있다면, 강의 중간중간에 중요 부분을 잘 짚어주는 것이 좋다. 시험에 어느 부분이 나오는지 예상할 수 있으므로 수강생은 더욱 집중해서 강의를 듣게 된다.

사내 강의에서 치러지는 시험의 목적은 특별히 수강생의 순위를 매기고 변별력을 가지려는 것은 아닌 경우가 대부분이다. 사내 강의 중 시험은 (일반적으로) 수강생이 강의 내용을 잘 숙지했는지 확인하는 도구로 사용되고, 최소 점수만 넘으면 이수 처리를 한다. 이런 경우 어차피 강사는 강의 내용을 잘 전달하고, 수강생은 강의 내용을 잘 흡수하는 것이 목적이므로, 강사가 중요한 부분을 짚어주는 것이 사내 강의에서 궁극의 목적을 달성할 수 있는 좋은 방법이다. 시험에 나오는 부분을 철저히 비밀에 붙이기보다는, 강사가 중요한 부분을 한 번 더 짚어주면 수강생 입장에서는 지나친 스트레스도 줄고 강의에 더욱 집중할 수 있으니 강의 본연의 목적은 더 잘 달성한 것이 아닐까.

3-34 시험에 대한 상품은 꼭 필요할까

    강의 도중에 퀴즈 시간이 있거나 강의 종료 후 시험을 볼 때, 답을 잘 맞힌 사람에게 책이나 상품권, 과자를 주는 경우도 종종 있다. 이러한 보상은 강의 상황, 강의 성격, 강사 성향, 수강생 성향에 따라 맞기도 하고 안 맞기도 하다.

    고등학생 이상의 성인을 대상으로 하는 강의, 그중에서도 특히 사내 강의에서 이러한 보상은 불필요하다. 퀴즈를 맞혔다고 상품권이나 과자를 주는 것은 주의를 환기하고, 퀴즈를 풀 때 집중하게끔 만드는 효과가 일시적으로 있을 수 있다. 하지만 성인을 대상으로 한 강의에서 퀴즈를 맞히면 상품을 주겠다고 억지로 관심을 집중시키는 것은 좀 유치하다. 퀴즈를 맞히고 시험을 잘 봐서 좋은 것은 강사가 아니라 수강생이다. 공부를 더 해 가는 것도, 배움을 더 얻어 가는 것도 수강생이다. 그런데 그 와중에 상품권이나 과자까지 쥐어줘 가며 제발 퀴즈에 관심을 보이라고 해야 하나. 나는 이런 보상은 강사가 강의에 자신이 없을 때 마지막으로 꺼내 보이는 미끼 상품 같아서 하지 않는다. 제대로 된 강의에서는 그런 상품이나 보상이 없어도 수강생이 퀴즈나 시험에 적극적으로 임한다. 수강생 스스로 "내가 발표하고 싶다", "잘하고 싶다" 같은 욕망을 느끼는 강의라면 말이다.

우수 수강자에게 책이나 상품권을 꼭 줘야 한다면, 퀴즈나 시험을 보기 전에 "정답을 가장 잘 맞히신 분, 과정에 열심히 참여하신 분을 선정하여 책과 상품권을 선물로 드립니다. 과정이 모두 끝난 다음 교육팀에서 시상을 하니 오늘 시험에 잘 응해주세요"라고 하는 것이 어떨까?

이렇게 하는 것과 퀴즈 후 바로 선물을 주는 것이 뭐가 다르냐고? 개별 건별로 퀴즈를 맞힐 때마다 선물을 주는 것은 즉흥적이고 일시적인 관심을 노린 것이다. 반면 "정답을 가장 잘 맞히신 분, 과정에 열심히 참여하신 분"을 선정하여 차후에 교육팀에서 선물을 주는 것은 단순히 퀴즈의 답을 맞힌 사람이 아니라 강의 과정 전반적으로 수강 태도가 좋았던, 열심히 한 사람에게 선물을 주는 것이다. 단발성 태도가 아니라 수강 기간 내내 보여준 꾸준한 태도를 기준으로 주는 선물이라는 뜻이다. 또한 강의 시간에 성실히 임하는 수강생을 강사가 유심히 지켜보고 선정할 것이라는 점도 은연중에 어필할 수 있다. 이런 방식으로 하는 보상은 그 강의의 품격을 지켜준다.

선물 역시 단순히 과자나 상품권으로 하기보다는 강의 주제에 대한 책이나 제품이 가장 좋다. 내가 이 책에서 계속 강조하고 있듯이, 모든 것은 '강의 주제'와 연결되어야 한다. 선물을 주더라도 강의 주제와 관련된 것으로, 웃기는 이야기를 하더라도 강의 주제와 관련 있는 것으로 하자.

3-35 사전 과제와 사후 과제

　사전 과제와 사후 과제는 어떻게 다를까? 그리고 어느 것이 더 효과적일까?

　강의 전에 내는 사전 과제에는 다음의 두 가지 의도가 있다.

- 이 과제를 왜 하라고 했을까 궁금해하면서 교안을 미리 살펴보게 할 의도
- 과제를 최대한 열심히 하려는 정성을 보이는지 확인할 의도

　사전 과제는 아직 강의를 듣기도 전에 수강생이 내야 하는 과제이다. 따라서 나는 수강생이 교안을 미리 들춰보며 '예습'을 하게 할 의도와, '정성'을 들이고 있는지 수강생의 성향을 미리 엿보려는 의도로 사전 과제를 낸다. 즉, 사전 과제로 수강생의 결과물을 '평가'하려는 의도는 크지 않다. '평가'는 사후 과제나 강의 태도를 보면서 한다.

시후 과제는 다음과 같은 두 가지 의도로 낸다.

- 강의를 정확히 듣고 이해했는지 확인해볼 의도
- 과제를 최대한 열심히 하려는 정성을 보이는지 확인할 의도

강의를 정확히 듣고 이해한 수강생은, 강사가 지나가는 말로 가볍게 말한 팁도 놓치지 않는다. 강사가 언급한 것들을 최대한 반영해서 과제를 제출한다. 수강생이 얼마나 성실히 수강했는지 사후 과제를 통해 파악할 수 있고, 이는 '평가'가 가능하다. 또한 사전 과제와 마찬가지로, 이 과제에 '정성'을 들이고 있는지도 역시 본다.

3-36 수강생을 평가할 때는
무엇이 가장 중요할까

　언제나 그런 것은 아니지만, 사내 강의 종류에 따라 강의 종료 후 교육팀에서 우수 수강생이나 우수 조를 선정해달라고 요청하는 경우가 있을 수 있다. 이때 강의의 상황이나 성격에 따라 선정의 숫자나 기준이 다를 수 있다. 교육 담당 부서에서 이를 정해줄 때도 있고 강사에게 일임한 뒤 선정해달라고 하기도 한다.

　강사에게 일임하여 우수 수강생을 선정해달라고 할 경우 나는 다음과 같이 선정한다.

• 우수 수강생 숫자: 총 수강생 중 10%를 선정한다. 만약 수강 태도가 유독 좋았던 차수라면 더 많이 선정해도 무방하다.

• 우수 수강생 순위: 선정된 인원 간 순위 차이가 있을 경우 기재한다. 별 차이가 없다면 순위 없이 기재한다.

• 우수 수강생 기준: 강의 전 과제 5% + 강의 후 과제, 발표 또는 시험 5% + 강의 참여 태도 90%

내 경우 강의 참여 태도를 가장 중점적으로 본다. 보통, 강의 참여 태도가 훌륭한 수강생은 강의 전후 과제나 시험 결과도 당연히 훌륭하다. 하지만 반대로 강의 참여 태도는 안 좋았는데 강의 전후 과제와 시험 결과가 훌륭한 경우는 있다. 이것이 무슨 뜻일까? 후자의 수강생은 강의에는 적극적으로 참여하지 않았지만 평가 기준이 된다고 생각하는 과제는 열심히 하는 타입이라고 할 수 있겠다. 열심히 메모하고 적극적으로 질문하고 강의 내용에 호기심을 가지고 집중하는 수강생이 가장 최선을 다한 수강생이다. 이런 수강생은 그 좋은 에너지를 옆에 앉아 있는 동료 수강생과 강사에게까지 전해준다. 성실하게 강의를 수강해서 본인도 수확을 얻어 가고 동시에 동료 수강생과 강사에게까지 좋은 영향을 주는 수강생이야말로 진짜 우수 수강생이다. 강사와 함께 호흡하며 그 강의를 같이 꾸려나가는 수강생은 바로 이런 수강생이다.

사람들은 내게 간혹 묻는다.

"시험 점수가 제일 높은 수강생이 왜 우수 수강생이 아닌가요?"
"과제에 대한 점수 비중이 너무 낮은 것 아닌가요?"
"과제를 이렇게 잘 제출했는데 점수를 더 줘야 하지 않나요?"
"강의 참여 태도를 90% 보는 이유가 무엇인가요?"

이상의 내용이 사람들의 질문에 대한 내 답변이다.

3-37 강의를 마무리할 때는
핵심을 정리하자

강의의 정리, 마무리는 어떻게 해야 할까?

정중한 인사와 더불어 강의가 종료되었음을 말해주는 것은 기본이다.

수강생에게 제일 중요한 내용, 수강생이 꼭 기억해야 할 내용, 강의실을 나가는 수강생 손에 반드시 쥐어주고 싶은 내용, 강사가 수강생에게 최우선으로 어필할 무기가 있다면 이때 강조하는 것이 좋다. 강의의 맨 마지막에 전달된 내용이기 때문에 수강생의 머릿속에 확실히 남아 있기 때문이다. 또한 강의가 끝난 뒤 강의 평가를 할 때도 이 마지막 부분이 가장 집중적으로 감안될 것이기에 강사는 강의 마무리에 신경을 많이 써야 한다.

꼭 웃기거나 감동을 줘야 한다는 감성적 포인트에 얽매일 필요는 없다. 강의 마지막에 질질 끌면서 억지로 웃기는 이야기를 하거나 거짓 감동을 주려는 시도는 오히려 역효과를 가져올 것이다. 다시 한 번 강조하지만 강의 중에 강사가 할 웃기는 이야기와 감동적인 이야기는 반드시 그 강의 주제와 관련이 있는 것이어야 한다. 단순히 웃기거나 그냥 감동적이기만 한 이야기는 안 된다. 강사 본인의 성향에 따라 강의 주제와 관련 있는 유머와 감동을 섞어서 강의를 마무리해도 좋고, 만약 이런 것에 자신이 없다면 무리할 필요가 전혀 없다. 이 강의에서 가장 중요했던 내용, 이것만은 꼭 기억해주었으면 하는 내용을 한 번 더 강조하면서 깔끔하게 마무리하자.

4

칼날 같은 하드웨어 준비

이기는 군대는 승리할 상황을 만들어놓은 뒤 전쟁에 임하고, 패하는 군대는 일단 전쟁에 임한 뒤 승리를 구한다. _손자병법

잘될 수밖에 없는, 잘 안 되는 것이 더 이상한 강의를 준비해놓고 강의에 임해야 한다. 강단에 서서 최선을 다해보자는 식은 안 된다. 많은 사람들이 강의 교안과 기술만 완벽하면 준비를 다 마쳤다고 안심하지만 이제 하드웨어 준비를 해야 한다.

4-1 리허설 환경 체크

본 강의 전에 리허설을 할 때도 환경 체크가 필요하다. 리허설은 많이 해보면 해볼수록 좋다. 여건이 안 된다면 어쩔 수 없지만 가능하다면 실제 강의가 있을 강의실에서 하는 것이 가장 좋다.

리허설은 다음과 같은 종류가 있다.

최초 개인 리허설

실제 강의하는 것처럼 동일한 목소리와 톤으로 소리 내어 연습한다. 교안을 눈으로만 보지 말고 소리를 내면서 연습해보는 것이 중요하다.

녹화 리허설

내가 하는 리허설을 녹화해서 본다. 소리는 적당한지, 강조하는 톤 등의 변화가 있는지, 어색하지 않은지, 자세는 올바른지, 제스처는 적당한지, 움직이는 동선은 자연스러운지, 시선 처리는 안정적인지 등을 점검한다. 이 방법은 특히 내가 한 강의를 제3자 입장에서 볼 수 있기 때문에 객관적으로 판단할 수 있다는 점에서 좋다. 내가 강의하는 모습을 찍은 동영상을 보면, 내가 모르던 평소 내 버릇, 목소리, 서 있는 자세, 손 모양, 말하는 속도, 시선을 알 수 있어서, 내 장단점을 분석할 수 있다.

청중 리허설

강사 본인이 속한 팀 멤버들이나, 동료, 친구, 지인 앞에서 리허설을 해본다. 그들의 피드백을 받고, 취할 점과 버릴 점을 최종적으로 검토한다. 만약 혼자 하는 강의가 아니라 세션별로 여러 명의 보조 강사나 세션 진행자가 중간에 등장하는 강의라면, 청중 리허설 때 해당 멤버들도 모두 참여시켜 점검해보는 것이 동선 점검에 좋다. 최종적인 리허설에서는 여러 멤버 중 잘 안 보이는 멤버는 없는지, 전체 시간 배분은 잘되었는지 등을 청중으로부터 피드백 받는다.

4-2 리허설 시간 측정

강사가 강의를 위해 사전 리허설을 할 때 꼭 필요한 것이 시간 측정이다.

- 예제를 한 개 넣어서 진행한 시간
- 예제를 세 개 넣어서 진행하고 설명은 줄인 시간
- 수강생에게 발표를 시켜본 시간
- 질문이 많이 올 경우를 대비하여 여유 시간을 감안한 시간
- 예비로 넣어둔 챕터를 포함해서 진행한 시간
- 예비로 넣어둔 챕터는 제외해서 진행한 시간
- 말을 평소보다 조금 빠르게 했을 때 걸리는 시간
- 말을 평소보다 조금 느리게 했을 때 걸리는 시간

이 상황별로 각각 얼마나 시간이 걸리는지를 알아두어야 한다. 그래야 실전에서 각종 돌발 상황이 일어나도 강사가 전체 시간을

조정할 수 있다.

- 폭설 때문에 강의 자체를 한 시간 일찍 끝내야 하는 경우
- 이후에 시작할 전체 식사 준비가 늦어져서 한 시간을 더 끈 뒤에 식사 시간을 줘야 하는 경우

강의에는 이러한 각종 돌발 상황이 있기 마련이고 프로 강사는 이 상황을 맞추기 위해 강의 시간을 조정할 수 있어야 한다. 단순히 빨리 끝내기 위해 교안 마지막 부분 열 장을 패스하거나, 수강생 발표를 건너뛰는 방법 말고, 중요한 강의 내용은 모두 전달하되 시간은 맞추는 기술이 필요하다. 그런 기술을 갖추려면 앞에서 언급한 리허설과 시간 조정 연습을 끊임없이 해야 한다. 한 번 연습한 뒤 끝이 아니다. 수강생 피드백을 받아 강의 자료를 업데이트했다면 그 업데이트 자료를 기반으로 리허설 연습을 다시 해야 한다.

4-3 강의 환경 체크

　네트워크 환경, 케이블, 스피커, 마이크, 노트북, 빔 포인터, 플립차트, 칠판, 마커, 볼펜, A4 용지, 프린터, 메모지, 마실 물 등 모든 것을 체크하라. 강의실에 이러한 것들이 필요할 경우 최대한 일찍 강의 담당자와 이야기하여 물품이 정확히 준비되어 있는지 확인해야 한다. 강의가 이미 시작되었는데 중간에 이 물품들에 문제가 있어 확인해야 한다면 강의를 중단해야 하기 때문에 강의 흐름이 끊겨 강사와 수강생 모두 맥이 빠지게 된다.

　아울러 칠판의 위치가 잘 보이는지, 마커가 잘 나오는지, 빔 프로젝터가 흔들리지 않는지, 냉난방 스위치는 어디 있는지, 온도는 적당한지, 마이크 소리가 너무 작지 않은지, 마이크나 포인터의 건전지 여분은 있는지 등 세세한 것도 다 챙겨야 한다.

　이 모든 상황은 당연히 강의나 프레젠테이션 전에 유관 부서에 미리 준비해달라고 연락해두어야 한다. 특히 스피커, 마이크 등은 당일 바로 준비할 수가 없으므로 더더욱 미리 말해두어야 한다. 그리고 유관 부서에서 이미 내 요청 사항이 잘 준비되어 있다고 전화나 이메일로 답변을 받았더라도, 강의실에 일찍 도착해서 가장 먼저 위의 것들이 정말 잘 마련되어 있는지 내 눈으로 체크하고, 문제가 있을 시 바로 연락해서 조치해야 한다. 강의 시작 최소 30분 전에는 강의실에 도착해서 미리 살펴보는 것을 추천한다. 나의 경우 전날 미리 강의실에 가서 각종 환경을 모두 체크하기도 했었다. 이렇게 미리 봐두면 마음도 편하고 강의 당일에 말썽이 생길 가능성이 아주 적다.

"너무 오버 아니에요?"
"유관 부서에서 확인했다고 컨펌을 해줬는데도 전날 미리 가보거나 당일 30분전에 도착해야 해요?"

이에 대한 내 대답은 "네"이다. 내 눈으로 정확히 봐야 확인을 한 것이다.

예를 들어 보자.

강사가 강의에 무선 마이크를 요청했다. 강의를 하면서 수강생들 사이를 왔다 갔다 하면서 들고 다닐 수 있도록.

담당 부서는 마이크가 비치된 강의실이라고, 문제 없다고 확인해주었다.

강사가 전날 강의실에 가보았다. 마이크가 있기는 했지만 발표자 자리에 고정되어 있어서 들고 다닐 수가 없는 마이크였다. 교육팀은 강사가 '무선' 마이크를 요청한 사실과 '왜' 무선 마이크가 필요한지를 정확히 파악하지 않고 단순히 마이크가 있으니 있다고 말한 것이다. 강사가 전날 강의장에 가서 이 사실을 미리 확인했기에 담당 부서에 조치 요청을 할 수 있었다. 당일 아침 강의실에 강의 시작 5분 전에 도착했다면 이 문제를 어찌할 도리가 없을 것이다. 무선 마이크가 없어서 강의를 제대로 못했다고, 망쳤다고 나중에 담당 부서에 책임을 묻고 원망해도 결과는 바뀌지 않는다. 어쨌든 강의는 무선 마이크가 없는 상태로 진행될 테니까.

없으면 없는 대로, 그냥 일반 마이크를 쓰면 되지 않느냐고? 그게 무슨 큰 차이를 만들겠냐고? 내용만 좋은 되었지 너무 신경 쓸 것이 많다고?

잊지 말자. 우리는 잊지 못할 강의를 만들고 있는 중이다. 물론 강의 내용이 그 무엇보다 중요한 것은 맞다. 하지만 그 내용을 최적의 방식으로, 최적의 시나리오로 전달하는 것도 중요하다.

'강의 환경 체크'는 앞서 말한 '유머'와는 차원이 다른 이야기다. '강의 내용'이 가장 중요하고, '유머'는 강사 개인 성향에 따라 강의에 있어도 없어도 무방한 요소이므로 스트레스 받지 말라고 이야기했다. 하지만 '강의 환경 체크'는 '강의 내용'의 일부라고 할 만큼 중요하다. 내가 힘들여 준비한 '강의 내용'이 제대로 수강생에게 전달될지 안 될지가 '강의 환경 체크'에서 결정되기 때문이다.

당신이 잊지 못할 강의

강사가 생각한 완벽한 시나리오에 맞는 무선 마이크가 있어야 한다. 무선 마이크가 없으면 현 상황에서는 마이크가 고정되어 있는 발표자 자리에만 앉아서 강의를 하는 수밖에 없다. 이백 명 앞에서 마이크 없이 강의를 할 수는 없지 않은가. 발표자 자리에만 앉아서 강의를 하면 강의장 분위기를 살필 수도, 수강생들과 교감할 수도, 수강생들 사이를 왔다 갔다 하며 실습 중인 결과물을 살펴볼 수도 없다.

강의 결과가 어떻겠는가?

체크해야 할 것이 많다면 엑셀 파일로 나만의 강의 전 체크 리스트를 만들어 당일 강의실에서 곧바로 확인하는 것도 좋은 방법이다. 하나하나 표시해가면서 잘 되어 있는지 체크하면, 실수를 더욱 줄일 수 있다.

강사는 강의만 잘하면 되지, 이런 환경적인 문제는 강사 책임이 아니라고 생각할 수도 있다. 그러나 강의실에 네트워크가 되지 않아 실습이 지연되고, 프린터가 고장이라 결과물 확인이 어렵다면 그것은 강사 책임이 아니니 어쩔 수 없는 일일까?

강사는 콘텐츠에만 책임이 있는 것이 아니다. 이 강의의 주인은 강사다. 교육팀이나 다른 유관 부서가 주관하는 부분도 물론 있다. 하지만 강사는 자신의 강의가 최상의 상태로 흘러갈 수 있도록 콘텐츠 측면은 물론이고, 강의실 환경에도 모두 최선을 다해야 한다.

4-4 수강생 환경 체크

수강생이 앉아 있는 조의 구성, 의자 위치 (강사를 등지고 앉지 않았는지), 노트북을 가지고 왔는지, 네트워크 환경이 완벽한지, 준비물을 잘 가져왔는지, 과제를 수행해 왔는지를 미리 체크해야 한다. 만약 잘 안 되어 있는 부분은 신속히 조치해야 하며, 대체할 수 있는 아이템이 있는지 살펴본다.

예를 들어, 수강생이 실습을 위해 노트북에서 네트워크를 써야 하는데 네트워크가 안 된다면, 담당자와 이야기해서 빨리 조치하도록 한다. 그래도 되지 않을 경우 종이를 프린트해서 사용하든지 해야 한다. 실습 시간이 시작되어서야 이 상황을 알아채면 너무 늦다. 시간은 가는데 전달해야 할 강의 내용은 아직 남아 있고, 상황을 해결할 방법을 못 찾으면 강사는 당황해서 허둥지둥하게 된다. 이럴 경우 강의가 원활히 진행되지 않는다.

과제 역시, 강의 중간에 수강생이 본인 과제를 발표하는 순서가 계획되어 있는데, 과제 파일이 미리 전달되지 않은 경우가 있다. 강의 도중에 이 사실을 알면 너무 늦다. 강의 전에 이미 알아야 한다. 이런 경우 해당 시간을 채울 다른 아이템을 생각해두고 우왕좌왕하지 않는 것이 프로다. 이는 사전에 플랜 A, 플랜 B로 생각해두어야 하는 상황이며, 돌발 상황이 생겼을 경우 바로 대체하여 적용해야 한다.

이 모든 것들은 '미리' 챙겨서 대체 아이템을 생각해두어야 한다. 임박해서 우왕좌왕하는 모습, 어쩔 줄 몰라 하는 모습은 강사가 보여서는 안 된다.

4-5 강사 개인 물품 체크

　강사가 개인적으로 챙겨 오는 명함, 메모지, 필기도구, 참고 자료, 간단히 마실 것 등을 체크한다.

　남자 강사라면 혹시라도 커피나 물에 젖을 경우를 대비해서 여분의 셔츠, 넥타이를 준비하는 것도 좋다. 여자 강사 역시 마찬가지 경우를 대비해 여분의 블라우스, 스타킹을 준비한다. 오염되거나 뜯어진 옷을 입고 강의하면 강사 스스로도 불편하고, 보고 있는 수강생에게도 신뢰감을 주지 못한다. 따라서 여벌의 개인 물품을 준비하는 것은 무척 중요하다. 한두 시간짜리 강의라면 이런 여분의 옷까지 준비하지 않아도 되겠지만, 하루 종일 여덟 시간 강의 후에 야간 실습이 이어지기라도 한다면 만약의 사태를 대비해 이런 여분의 옷을 가지고 있는 쪽이 마음이 편하다. 짐이 조금 많아지더라도 마음이 편한 게 더 낫지 않겠는가.

　강의 동안에 강사는 핸드폰을 어떻게 해야 할까?

　핸드폰을 완전히 꺼두기는 현실적으로 불가능하다. 내가 추천하는 방법은 무음으로 해놓는 것이다. 쉬는 시간, 점심시간에 전화 왔던 곳이나 메시지 왔던 곳을 살펴보고 급한 곳이라면 내가 연락을 하면 된다. 어떤 상황이더라도 강의를 하는 중간에 핸드폰 화면을 슬쩍 보거나 심지어 전화를 받는 것은 있을 수 없는 일이다. 핸드폰을 슬쩍 본다고 해서 수강생들이 모를 것 같은가? 다 안다. 우리가 수강생 입장이어도, 강사가 슬쩍 핸드폰을 보면 눈에 다 들어오지 않는가. 강사의 시선은 언제나 수강생과 교안에만 둘 것! 50분 강의하고 10분 휴식 시간이라고 할 때, 강의 시간인 50분 동안은 강의에만 온전히 집중하자.

4-6 포인터와 건전지 체크

보통 강의실에는 포인터와 건전지가 준비되어 있다. 하지만 만약의 사태를 염두에 두고 반드시 강사가 자신이 쓰는 포인터와 건전지를 가지고 오는 것이 좋다. 포인터와 건전지를 준비하지 않았는데, 현장에 없는 경우 당장 난감한 상황이 생기기 때문이다. 또한 강사의 노트북과 강의실 포인터가 매칭이 안 될 수도 있다. 갖가지 상황을 대비하여 반드시 강사 노트북에서 잘 작동하는 포인터와 건전지를 준비하자.

내 노트북 가방에는 AAA 타입, AA 타입, 9V 타입의 건전지가 항상 여분으로 들어 있다. 포인터용 건전지, 마이크용 건전지의 규격이 다 다르기도 하거니와, 강의실에 비치된 마이크가 각각 달라서 마이크용 건전지가 다르기도 하고, 강의장에 건전지 여분이 준비되어 있지 않을 때도 있기 때문이다.

4-7 마이크 체크

강의실이 큰 경우 마이크를 쓸 때도 있다. 핀 마이크와 손에 드는 마이크 등 마이크 종류도 여러 가지가 있다. 반드시 교육팀 및 사회자와 연락하여 강의실에서 쓰는 마이크가 어떤 형태인지 알아보고 마이크 조작 방법도 숙지해두어야 한다. 개인적으로는 무선 마이크를 선호하는데, 유선 마이크는 연단에서 움직일 때 불편하고 다소 무거워서 신경이 많이 쓰이기 때문이다. 여러 마이크 중 강사 본인에게 더 편한 도구를 미리 알아야 한다. 리허설 때 충분히 연습해보고 본인에게 맞는 마이크 타입과 조작 방법을 숙지해두자.

이미 눈치챘겠지만, 이렇게 하기 위해서는 미리 강의실에 가서 각종 디바이스를 써봐야 한다. 마이크, 포인터, 빔 프로젝터, 칠판, 음향 기기 모두 강의 당일에 체크해서는 안 된다. 강의 당일에는 강의실과 디바이스들에 '익숙해진 상태'로 강의실에 입장해야 한다. 강의실에서 이것들을 미리 체크하고 써보는 것이 불가능한 경우도 있을 것이다. 이럴 때는 담당 부서에 연락해서 해당 강의실의 디바이스 종류를 확인한 뒤, 개인적으로라도 해당 디바이스와 하드웨어 환경을 접해보라고 권하는 바이다.

부득이하게 강사 사정으로 혹은 강의실 사정으로 전날 미리 체크를 못할 수도 있다. 그렇다면 강의 당일 최대한 강의실에 일찍 도착해서 체크해야 한다. 이마저도 어렵다면 최소 30분 전에는 도착해야 한다. 30분이 쉬운 것 같은가? 의외로 30분 전에 강의실에 도착하기란 어렵다. 하지만 우리는 그냥 강의를 하려는 것이 아니다. 우리는 잊지 못할 강의를 만드는 중이다.

4-8 조명과 스피커 체크

강의 중 비디오나 오디오를 보여줘야 할 경우가 있다. 이럴 때 강의실 조명을 어둡게 조정해야 연단의 화면을 보기에 편하다. 강의실 조명을 어둡게, 밝게 하는 조작 방법도 강사가 미리 알아두면 편하다. 만약 강사가 직접 조작하기 어려운 상황이라면, 미리 교육 팀이나 사회자와 이야기해서 타이밍에 맞추어 조명을 조절해줄 사람을 확인하고 시작해야 한다.

비디오나 오디오는 강의 시작 전에 강사 노트북에서 스피커에 연결한 뒤 소리가 잘 나오는지 테스트한다. 스피커 소리 조정이 제대로 되는지도 확인해야 한다.

강의가 이미 시작되었는데 중간에 조명을 조작하지 못해 확인해야 한다거나, 스피커 조작을 못해 대기해야 한다면 애꿎은 시간만 흘러가는 것이다.

4-9 강사의 필기도구 체크

강사는 강의 도중 또는 강의 후 갖가지 피드백을 받기도 하고 질문을 받기도 한다. 이때 강사가 중요한 사항을 메모해야 하는 경우가 생긴다. 허겁지겁 종이와 펜을 구해 급히 메모하는 모습은 프로답지 못하다. 강사 본인의 노트와 볼펜을 꼭 준비해서 바로 메모하는 모습을 보이자. 노트북으로 메모하는 경우도 물론 있지만, 지금 당장 급한 것을 적어두거나, 잊지 않고 내가 알아보기 쉽게 적어두려면 종이와 펜이 편리하다. 특히 수강생에게 책 이름을 알려주거나, 유관 부서 담당자 이름을 적어주는 등 메모지를 건네야 할 경우에는, 경험상 종이와 펜 쪽이 훨씬 유용하다.

5

들어보자

앞에서 말한 모든 것을 공부하고 준비했다면 이제 다른 사람들의 강의를 들
어볼 차례이다. 강의를 들어보는 것은 '강의'라는 것의 흐름과 톤을 익힌다는
뜻이다. 각기 다른 분야의 여러 사람이 다양한 방식으로 여러 장소에서 하는
강의를 들어보라.

5-1 오프라인 강의

앞에서 말한 모든 것을 공부하고 준비했다면 이제 다른 사람들의 강의를 들어보자. 아니면 반대로 먼저 다른 사람들의 강의를 들어본 뒤에 이 책을 보는 것은 어떨까? 사람이나 환경마다 맞는 방법이 다르지만, 나는 우선 이 책의 내용부터 숙지한 후에 다른 사람들의 강의를 들어보라고 추천하고 싶다.

아는 만큼 보인다는 유명한 말처럼 이론적으로 내용을 숙지한 상태에서 실제 시연을 보면 더 와 닿는 점, 개선할 점이 보이기 때문이다.

다른 사람들이 하는 강의가 명강의일 때도 있고 별로인 때도 있다. 하지만 명강의만 찾아서 들을 필요도 없고, 별로인 강의는 피해서 안 들어야 하는 것도 아니다. 모든 강의를 두루두루 많이 들어보는 것이 필요하다. 모든 강의에는 장단점이 있기 마련이고, 그 장단점을 본 뒤 각자 자기 강의에 최적화하는 과정이 강사에게 필요하기 때문이다.

다른 강의를 들을 때, 편안한 마음으로 아무 부담 없이 들어서는 절대로 안 된다. 목적 없이 그냥 앉아서 듣는 청강은 시간 낭비일 뿐이다. 다른 사람의 노하우는 물론 장단점을 익힌다는 자세로 긴장하면서 들어야 한다. 바로 내일부터 내가 저 강의를 맡게 된다고 생각하며 강의를 들어보자. 그렇다면 절대 편안하게 들을 수가 없을 것이다. 강사의 말과 몸짓, 수강생의 말과 몸짓을 하나도 놓치지 않겠다는 각오로 끈질기게 관찰해야 한다.

강의를 듣는 것은 '강의'의 흐름과 톤을 익힌다는 뜻이다. 각기 다른 분야의 여러 사람이 다양한 방식으로 여러 장소에서 하는 강의를 들어보라. 여러 강의의 흐름과 톤을 느끼면서 강의의 전체 분위기를 살펴보라.

- 강사들의 말투는 이렇구나.
- 강사들의 장단점은 이렇구나.
- 강사들의 자세는 이렇구나.
- 강사들의 옷차림은 이렇구나.
- 이렇게 큰 강의실에서는 마이크가 울리기 쉽구나.
- 이렇게 말하면 재미있고 저렇게 말하면 재미없구나.

강의실에 일찍 도착하면, 강사가 강의 시작 전에 얼마나 미리 도착하는지, 현장에서 강의 준비를 어떻게 하는지, 오자마자 무엇을 하는지도 엿볼 수 있어 좋은 공부가 된다.

마치 내 강의실에 미리 도착한 것처럼, 강의실 맨 앞에도 앉아보고 강의실 맨 뒤에도 앉아보고 강의실 중간에도 앉아보자. 다양한 위치에서 강의가 어떻게 느껴지나 확인하는 것은 큰 공부가 된다.

오프라인 강의들을 어디서 찾냐고?

많은 오프라인 강의들이 지금 이 시간에도 열리고 있다.

일반인들에게 모두 개방된 강의도 많다. 시나 구 단위로 유명인사, 책 저자, 교수들의 특강과 콘퍼런스가 열린다. 주기적으로 시나 구의 소식지, 알림 게시판을 눈여겨보면 좋다. 알찬 강의를 나도 많이 들었었다. 또한 공공 기관뿐 아니라 백화점, 쇼핑몰의 문화센터에서도 이런 특강이 많이 열린다. 인문, 예술, 여행, 음식, 언어 등 무궁무진한 분야에 대해 유명한 강사들이 와서 강의를 많이 하고 있다. 조금만 관심을 가지면 백화점, 쇼핑몰의 홈페이지나 브로슈어에서도 정보를 손쉽게 찾을 수 있다.

회사원들이라면 본인들의 직무에 관련된 각종 유료, 무료 특강과 콘퍼런스를 여러 학회, 업체, 단체에서 열고 있음을 알 것이다. 메일링을 신청해두면 교육이 생길 때마다 알림 메일을 받을 수 있어 편리하다. 시간을 쪼개어 열심히 참석해보자.

학생들이라면 학교 게시판에서도 좋은 특강 소식을 접할 수 있다. 주기적으로 대강당이나 도서관에서 주최하는 특강도 있고 여름, 겨울 방학 때면 외부 초청 연사들이 와서 하는 강의도 많이 열린다. 나는 대학생 때 우리 과 말고 다른 단과 대학 게시판도 수시로 살펴보았다. 미대 게시판에서 졸업 작품 전시회가 열리는 것을 보고 들어가 보기도 했고, 작품 설명회에도 들어가 보았다. 이해할 수 있는 말 반, 처음 듣는 말 반이었지만 열심히 흡수해보았다. 또 다른 단과대 게시판에 유명한 동문이 와서 특강을 한다는 소식이 올라온 것을 보고 찾아가서 듣고 오기도 했다. 대학교는 다양한 학문의 전문가들이 와서 특강을 해주는 꿈 같은 곳이다. 또, 아직 전문가는 아니더라도 학생들끼리 모여서 하는 발표회나 시연회도, 나만 부지런을 떤다면 얼마든지 참여해볼 수 있는 곳이다.

5-2 온라인 강의

 TV나 인터넷 방송에서 나오는 토크 쇼, 강좌, 대담, 토론회 등을 보는 것도 강의 기술을 연마하는 데 도움이 된다. 집에서 시청하는 것도 좋지만, 여건이 된다면 직접 방송국에 가서 방청·참관하면 더 좋다.

 방송에 나오는 사람들은 발표자이기도 하지만 엔터테인먼트적으로 재미있고 조리 있게 이야기하는 능력을 가진 프로들이다. 방송을 보면서 다음과 같은 점을 면밀히 살펴보자.

- 사회자가 패널들을 조율하는 방식
- 사회자가 게스트를 대하는 방식
- 참가자들이 여러 주제의 토크 흐름을 이어가는 방식
- 방송에 등장한 사람들이 서로 질문을 하는 타이밍이나 형식

 지켜보다 보면, 강의나 프레젠팅을 할 때 차용하면 좋을 제스

처, 태도, 멘트, 유머, 진행 방식을 배울 수 있다. 강사로서의 면모와 엔터테인먼트적인 면모를 최상의 비율로 섞은 강의와 프레젠팅 방식을 공부할 수 있는 것이다.

온라인 강의들을 어디서 찾냐고?

앞서 소개했던 오프라인 강의 찾는 방법과 다르지 않다. 앞서 말한 곳들에서 온라인 강의들도 같이 소개하고 있기 때문이다. 특히 최근에는 '강연', '특강'이 화두여서 공중파뿐 아니라 많은 케이블 방송 채널에도 훌륭한 강사들이 나와 책, 역사, 문화, 경제에 대해서 강의를 한다. 이미 말했지만 자신의 강의 분야가 A라고 해서 꼭 A만 파고들 필요는 없다. A와 관련된 강의는 당연히 들어야 하는 것이다! A와 전혀 무관해 보이는 다른 여러 분야를 골고루 섭렵해보자.

TV 프로그램들 그리고 각종 포털 사이트의 인터넷 강연 프로그램들을 면밀히 살펴보면 유용한 강의가 넘쳐흐른다. 본방송을 놓쳐도 상관없다. 아무 때나 볼 수 있는 온라인 강의가 넘쳐난다. 아마 시간이 없어서 다 못 볼 정도일 것이다.

이론은 경험을 이길 수 없다

당신은 회사에서 석 달 뒤에 있을 강의를 맡게 되었다.

당신은 교안을 만들고, 예제를 찾고, 관련 업계 사람들을 인터뷰하고, 강의 기술을 공부했다. 한 달이 지나자 어느 정도 첫 강의를 할 수 있는 준비가 되었다.

"교안을 더 고쳐본 뒤에 교안이 완벽해지면 강단에 서볼까."

"강의 기술 책, 스피킹 훈련 책을 읽긴 읽었지만 아직 기술이 부족한데, 강의를 하기 전에 강의 기술 책을 더 읽어보는 것이 낫지 않을까."

"지금 강의하면 수강생들 불만이 많을 텐데, 강의에 대한 용기만 더 줄지 않을까."

당신은 고민했다. 남은 시간 동안 교안을 더 완벽하게 준비한 뒤 강단에 설까, 아니면 일단 이 상태로 연습 강의를 해볼까.

"교안을 더 고쳐본 뒤에 교안이 완벽해지면 강단에 서볼까."

→ 교안은 완벽해지지 않는다. 강의를 마치는 그날까지도. 교안은 끊

임없이 수정되고 업데이트된다. 교안이 이제 완벽하다고 생각하고 강단에 서겠지만 교안은 완벽하지 않다. 어차피 계속 고쳐야 할 교안이라면 일단 강의 현장에 부딪혀 보는 거다. 강의 현장의 목소리를 피드백으로 받고 교안을 고쳐보자. 그러면 교안을 고치는 시간도 오히려 줄고 교안의 수준도 높아지지 않을까?

"강의 기술 책, 스피킹 훈련 책을 읽긴 읽었지만 아직 기술이 부족한데, 강의를 하기 전에 강의 기술 책을 더 읽어보는 것이 낫지 않을까."

→ 강의 기술 책은 이미 읽었다. 기본적인 내용은 숙지한 상태라는 뜻이다. 계속 책 속에서 기술만 연마할 텐가. 강의 기술은 기본적인 내용을 숙지한 상태라면 실전 강의에 임해야 는다. 계속 강의 기술 책을 읽는다고 느는 것이 아니다. 책으로 배운 기술은 한계가 있다. 일단 연습 강의를 해보자. 할 수 있는 한 많이.

"지금 강의하면 수강생들 불만이 많을 텐데, 강의에 대한 용기만 더 줄지 않을까."

→ 초안이지만 교안을 일단 완성했고, 적절한 예제도 찾아놓았고, 업계 관계자 인터뷰도 했다. 강의 기술 책도 열심히 독파했다. 매도 먼저 맞는 것이 낫다. 연습 강의 없이 첫 강의를 바로 해서 충격 받느니, 연습 강의를 수없이 하고 현장에서 미리 깨져보자. 깨질 데로 깨지다 보면, 실제 첫 강의에서는 오히려 용기가 더 생길 거다.

결심했다. 일주일에 한 번씩 연습 강의를 반복해보기로 했다.
회사 내에서 크고 작은 발표나 업무 보고 자리가 있다면 어떻게 해서

든 발표자로 나섰다. 가족을, 친척들을, 친구들을, 동네 사람들을 청중으로 여기고 강의했다. 집, 학교, 동네, 회사에서 연습 강의를 할 수 있는 곳이라면 장소와 시간을 불문하고 무조건 찾아갔다.

강의를 할 때마다 교안을 수도 없이 수정했다. 내가 좋다고 생각했던 예제가 강의 현장에서는 영 신통치 않아서 다른 예제로 모조리 교체해야 했다. 이 정도면 충분히 방법을 설명했다고 생각했지만 청중이 완전히 이해하지 못했기 때문에 설명 자료를 추가해야 했다. 책으로 공부했던 강의 기술이 정작 강의 현장에서는 하나도 생각나지 않고 벌벌 떨기만 했다. 지겨워하는 친구들을 또다시 청중으로 두고 수정된 교안으로 강의하며 반응을 살폈다.

1주차에 완성한 교안은 새로울 것 없는 그저 그런 내용이라는 불만만 들었고, 2주차 강의에서는 청중의 눈을 제대로 쳐다보지도 못하고 벽시계만 바라봤으며, 3주차 강의에서는 교안에 많은 예제를 추가했음에도 청중 모두가 졸기만 해서 야속했다. 4주차 강의에서는 청중의 질문에 답변을 못해 창피를 당했고, 5주차 강의에서는 종료 시간을 맞추지 못하고 시간을 훌쩍 넘겨 원성을 샀다. 땀이 비 오듯 흘렀다.

당신은 남은 시간 동안 크고 작은 연습 강의, 연습 프레젠테이션을 쉼 없이 반복했다. 강의 현장에서 수없이 깨지면서 교안을 수정하고, 강의 습관을 고치고, 교안의 잘못된 예제를 다른 것으로 바꾸고, 강의 기술을 재차 연습해보고, 다시 교안 내용을 수정하고 추가했다.

계속 떨렸고, 실수했고, 망신당했고, 비판받았고, 상처받았다.

하지만 동시에 남들은 모르고 책으로는 알 수 없는 실전 강의 노하우, 상처 따위는 신경 안 쓸 수 있는 담대함, 수강생별로 알맞은 교안 스타일 검색 능력, 너무 많지도 적지도 않게 핵심만 추려내는 교안 구성

능력, 어디에 있는 어떤 정보가 교안으로 유용한지 판단할 수 있는 정보력, 실제 현장에서 먹히는 좋은 예제, 강의할 때 적절한 예제의 수준과 내용, 신속하게 교안을 업데이트할 수 있는 능력, 교안 분량에 알맞은 강의 시간 배분 능력, 돌발 상황에 대처할 수 있는 순발력, 강의 무대를 갖기 위한 협의 기술도 쌓여갔다. 연습 강의는 끊임없이 되풀이되었고, 교안이 너덜너덜해질 때까지 수정과 업데이트가 계속되었다.

이렇게 석 달이 지나면 당신은 이제 첫 강의를 해볼 만하다.

어떤 지식도 끊임없는 현장 훈련을 넘을 수 없다.
어떤 이론도 반복되는 실전 경험을 이길 수 없다.

강의

불볕 속을 달리네
장대비를 달리네
벚꽃 속을 달려가네

칠흑 속을 달리네
새벽별을 달리네
벚꽃 속을 달려가네

불볕 속에 책과 씨름 회의해도
장대비에 구두 흠뻑 출장가도

칠흑 속에 풀벌레와 퇴근해도
새벽별에 길을 물어 출근해도

나는 언제나 벚꽃 속을 달려가고 있었습니다.

2016년 11월 26일
첫눈 오는 날

지은이 **정순인**

LG전자 책임 연구원

LG전자 Vehicle Component 사업본부 소프트웨어 개발 산출물 품질 관리

LG전자 Technical Documentation 사내 강사

LG전자 Software Engineering Documentation 사내 강사

최우수 사내 강사상 수상(2016)

우수 사내 강사상 수상(2015)

최우수 사내 강사상 수상(2012)

우수 사내 강사상 수상(2009)

이화여자대학교 법과대학 법학과 졸업

이화여자외국어고등학교 영어과 졸업

대한민국 외교부와 일본 외무성 주관 '방일 대학생 대표단'에 선발되어
일본 연수 프로그램 참가

매일경제신문 주최, 교육인적자원부 후원 '영문 지식에세이 대회' 대학부 우수상,
세계 지식 포럼 참가

유네스코 주관 국제 청소년 아리랑 캠프 대학부 참가

당신이 잊지 못할 강의

ⓒ 2017, 정순인

지은이 ┃ 정순인
펴낸이 ┃ 김종수
펴낸곳 ┃ 한울엠플러스(주)
편 집 ┃ 배유진

초판 1쇄 인쇄 ┃ 2017년 1월 16일
초판 1쇄 발행 ┃ 2017년 1월 26일

주소 ┃ 10881 경기도 파주시 광인사길 153 한울시소빌딩 3층
전화 ┃ 031-955-0655
팩스 ┃ 031-955-0656
홈페이지 ┃ www.hanulmplus.kr
등록번호 ┃ 제406-2015-000143호

Printed in Korea
ISBN 978-89-460-6261-0 03320

* 책값은 겉표지에 표시되어 있습니다.